国家自然科学基金项目52078228资助
教育部人文社会科学研究青年基金项目20YJCZH137资助

 地域城乡历史文化聚落研究书系·宁波
丛书主编　何依

水利社会影响下宁波城乡历史聚落形态研究

Study on the Morphology of Ningbo Urban and Rural Historical Settlements under the Influence of Water Conservancy Society

孙　亮·著

华中科技大学出版社
http://www.hustp.com
中国·武汉

图书在版编目（CIP）数据

水利社会影响下宁波城乡历史聚落形态研究/孙亮著.—武汉：华中科技大学出版社，2022.9

（地域城乡历史文化聚落研究书系）

ISBN 978-7-5680-8503-8

Ⅰ.①水… Ⅱ.①孙… Ⅲ.①聚落地理-研究-宁波 Ⅳ.①K925.53

中国版本图书馆CIP数据核字（2022）第141271号

水利社会影响下宁波城乡历史聚落形态研究　　　　　　　　　　孙　亮　著
Shuili Shehui Yingxiang xia Ningbo Chengxiang Lishi Juluo Xingtai Yanjiu

策划编辑：易彩萍
责任编辑：易彩萍
封面设计：孙　亮　何　依
责任监印：朱　玢

出版发行：华中科技大学出版社（中国·武汉）　　电话：(027) 81321913
　　　　　武汉市东湖新技术开发区华工科技园　　　邮编：430223

录　　排：华中科技大学出版社美编室
印　　刷：湖北金港彩印有限公司
开　　本：710mm×1000mm　1/16
印　　张：14
字　　数：237千字
版　　次：2022年9月第1版第1次印刷
定　　价：78.00元

本书若有印装质量问题，请向出版社营销中心调换
全国免费服务热线：400-6679-118　竭诚为您服务
版权所有　侵权必究

地域城乡历史文化聚落保护的探索

"地域"是本书系一个重要的背景概念。城乡历史文化聚落形成与发展于特定的自然地理条件，文脉里非常重要的组成部分就包含在自然环境中，但也因社会经济因素，成为《威尼斯宪章》中所说的"能够见证某种文明、某种有意义的发展或某种历史事件的城市或乡村环境"。因此，历史文化聚落既是地域环境的适应产物，也是区域历史的物化形式，其中的文脉与地脉与作为背景的"域"密切关联，不可分割。地域城乡历史文化聚落的研究包含三个层次：宏观层面上，基于地理环境的同构性和文化脉络的同源性，通过文化景观的概念，将传统聚落构建在一处处相对完整的地理空间内，形成共同的历史解说系统；中观层面上，着眼于不同地理单元内特定的资源禀赋、文化特色与空间类型，突出传统聚落的集成性和关联性；微观层面上，重点研究典型的历史文化名村，从宗族结构、人居模式、聚落景观、人文精神、遗产构成等方面梳理聚落的空间特色和文化内涵。

宁波地区由四明山脉和天台山脉围合，形成山—原—海的地形环境，在地理学上是一个相对独立和完整的单元。水利工程和移民社会两条线索相互交织，是传统聚落生发和演化的历史机制：一方面，受海侵和潮汐运动影响，土地盐碱化，河流短促又使得淡水极易流失，因此"蓄淡阻咸"的水利工程历时千年，营造了宁波地区的人居环境；另一方面，北方中原战乱，大批贵族来浙东移民落户，尤其是北宋末年浙东陡增万户，南迁的世族比屋而居，烟火相连，在不断完善的水利环境中聚族而居，以求生存。独特的地理环境和社会背景，形成了宁波地区独具特色的聚落文化，集"士、农、工、商"于一体，承载了浙东学派的人文精神。

宁波作为我们城乡文化遗产研究的重要基地，已有二十余年的规划实践经历，我们的研究始于浙东渔港石浦古镇，先后完成了历史文化名村名镇保护的相关规划，包括鄞州平原的走马塘村，东钱湖沿岸的下水村、韩岭村、陶公山三村，大运河畔的半浦村，三北地区的憩桥村，镇海的庄市古镇及中国南方古县城的标本——慈城古镇等。从个案研究到区域关联，进一步展开了东钱湖域和石浦港域两个地理单元的古村落风貌特色研究，最终从整体上完成了"宁波市域历史文化名村保护与利用研究"项目，由此奠定了宁波"地域城乡文化聚落"的研究基础。

《水利社会影响下宁波城乡历史聚落形态研究》是"地域城乡历史文化聚落研究书系"的第四卷，孙亮博士求学期间专注于宁波城乡文化遗产保护研究，从地域整体层面，认识水利与历史聚落的相互关系："在这里，碶、闸、堰、坝等水利工程遍布宁波平原各个角落，东钱湖、它山堰水利枢纽甚至今天仍在发挥重要作用；在这里，水运商市聚落在运河网络中星罗棋布，慈城、半浦等经济中心地的发展命运，可谓兴也水运、衰也水运；在这里，水利文化信仰根深蒂固，王元暐、王安石等古代治水官吏，纷纷成为地方百姓的崇祀对象。"首先从"社会－空间"跨学科研究的视角，将"水利社会"与"聚落形态"进行关联，依据"水利工程－水利社会－聚落形态"的逻辑链，进行了多学科的交叉研究。在此基础上，构建了水利适应性的"城乡关联"空间形态，在一个完整的地理单元内，从区域、聚落和场所三个空间层次，全方位梳理了城乡历史聚落与水利机制的适应关系和空间表征。

本书的意义在于立足一个特定的地理环境，通过一条贯穿历史的重要线索——水利工程，认识人类文明发展过程中所积淀的地方历史文化空间。对当下探索国土空间的文化支点和历史逻辑，进而建构具有地方特色的历史景观、文化网络及城乡系统有着启示作用。

何　依

2022 年 8 月于喻园

目 录

第一章 绪论 …………………………………………………………（1）
  第一节 海侵地区：典型的水利影响地理单元 …………………（3）
  第二节 水利社会：普遍的农业社会关系体系 …………………（20）
  第三节 研究对象：挂牌的名城、名镇、名村聚落 ……………（26）

第二章 城乡历史聚落演化的水利社会影响机制 ………………（33）
  第一节 水利工程：人地关系改造与缘地性空间 ………………（36）
  第二节 水利宗族：社会关系强化与血缘性空间 ………………（38）
  第三节 水利运输：区域关系建构与业缘性空间 ………………（40）
  第四节 水利信仰：历史事件记述与仪式性空间 ………………（42）

第三章 水利环境中区域聚落分布的逐水形态 …………………（45）
  第一节 湖域聚落的分立形态 ……………………………………（47）
  第二节 运河聚落的网络形态 ……………………………………（60）
  第三节 海塘聚落的层叠形态 ……………………………………（72）

第四章 水利营建中城乡聚落组织的缘水形态 …………………（89）
  第一节 宁波府城层积式缘水发展过程 …………………………（92）
  第二节 历史城市适应性缘水组织形态 …………………………（104）
  第三节 历史村镇模式化缘水结构特征 …………………………（121）

第五章　水利信仰中聚落精神场所的亲水形态 ·················· (137)
 第一节　水利伴生的祭祀空间系统 ································· (140)
 第二节　水利中心的仪式体化系统 ································· (156)
 第三节　水利主题的文本符号系统 ································· (165)

第六章　现代语境下"水利—聚落"关系再思考 ·················· (175)
 第一节　隐匿：时代变迁过程中的水利社会解构 ················ (177)
 第二节　反转：城乡文化遗产分布中的水利结构 ················ (184)
 第三节　传承：水利文脉中的城乡文化遗产保护 ················ (195)

附录 ··· (204)

参考文献 ·· (209)

第一章 绪 论

第一节　海侵地区：典型的水利影响地理单元

一、宁波历史环境的海侵典型性

历史上，在我国东南沿海平原低地，曾大范围遭受海侵[①]地质现象影响。海平面的反复升降，造就了海侵地区"咸淡交织"的水文特性，也对水利发展提出了"蓄淡阻咸"的建设要求。受此影响，海侵地区的地域发展呈现出不同于其他水利区域的独特性。宁波位于浙江省东部，杭州湾以南，三门湾以北，濒临东海。境内西部的四明山与东部天台山裹挟着宁波平原，地势缓慢向海倾斜。无论是其自然水文环境，还是人工水利环境，都具有鲜明的海侵特征，是一个典型的水利影响地理单元。

1. 自然水文环境的"咸淡交织"特性

宁波地区历史上至少出现过 5 次海侵现象，其中影响最大的是全新世卷转虫海侵。在距今 7000 年前至 6000 年前的海侵最高峰时，海水直拍四明山、天台山脚，整个宁波平原几乎全是一片浅海[②]（图 1-1）。直至春秋中期，平原地区的海水才基本退尽[③]。

在这一地质过程中，伴随着泥沙成陆与海退的交织，一大批海迹湖泊[④]在海岸线北退的过程中不断出现。尤其是与海岸斜交的四明山、天台山山麓，地势高低起伏，岸线迂回曲折，众多海湾或因地势低洼、或因泥沙封积，最后发育成海迹湖。据陈桥驿先生推测，大约在原始社会末期，

[①] 海侵（transgression）也称海进，指在相对短的地史时期内，因海面上升或陆地下降，造成海水对大陆区侵进的地质现象。

[②] 邱志荣. 论海侵对浙东江河文明发展的影响［J］. 浙江水利水电学院学报，2016，28（1）：1-6.

[③] 陈桥驿，吕以春，乐祖谋. 论历史时期宁绍平原的湖泊演变［J］. 地理研究，1984（3）：29-43.

[④] 海迹湖泊即原为海域的一部分，因泥沙淤积而与海洋分离，形成封闭或接近封闭状态的湖泊。

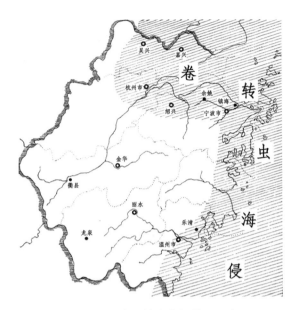

图 1-1　浙江省卷转虫海侵范围示意图

[图片来源：邱志荣，张卫东. 良渚堤坝的主要功能是围垦保护——五千年前良渚水利工程体系初探［N］. 中国水利报，2016-03-31（7）］

宁波平原海岸线彻底脱离南部山麓地带。咸卤分离之后，海迹湖在山川溪水冲积之下，最终转化成淡水湖。据不完全统计，宁波现存的以及地方史籍中记载有名的海迹湖泊至少有 36 处（表 1-1，图 1-2）。这些湖泊明显呈现出自南部山麓向北部翠屏山及沿海依次推进的时空序列特征，与海岸线北退进程相契合（图 1-3）。

表 1-1　宁波海迹湖泊不完全统计表

县市	海迹湖泊（36 处）
余姚（11 处）	赵兰湖、蒲阳湖、牟山湖、乐安湖、余支湖、桐木湖、黄山湖、上呑湖、汝仇湖、千金湖、臧墅湖
慈溪（17 处）	太平湖、云湖、窖湖、灵湖、杜湖、凤浦湖、白洋湖、上林湖、苏湖、花屿湖、鸡鸣湖、永明湖、凤凰湖、姜湖、梅湖、浊溪湖、银锭湖
鄞州（6 处）	马湖、东钱湖、广德湖、小江湖、槎湖、雁湖
镇海（2 处）	彭城湖、富都湖

表格来源：笔者绘制。

参考资料：陈桥驿，吕以春，乐祖谋. 论历史时期宁绍平原的湖泊演变［J］. 地理研究，1984（3）：29-43.

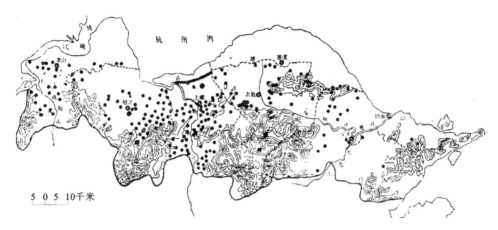

图 1-2　宁波海迹湖泊分布示意图

[图片来源：陈桥驿，吕以春，乐祖谋．论历史时期宁绍平原的湖泊演变［J］．
地理研究，1984（3）：29-43］

图 1-3　宁波海迹湖泊分布与海岸线迁移相互关系示意图

[图片来源：陈桥驿，吕以春，乐祖谋．论历史时期宁绍平原的湖泊演变［J］．
地理研究，1984（3）：29-43］

"咸淡交织"的水文现象不止存在于海侵时期，即便海退之后，每日两次的潮汐运动时，海潮咸卤仍然沿甬江、姚江、奉化江倒灌而来。姚江由此成为潮汐大江。古时江面船舶通行依循海潮涨落规律，潮涨则趁势西往，潮落则随之东行。每逢少雨枯水季节，江河水位下降，倒灌咸潮可深入内陆数十千米。在姚江流域，咸潮甚至可以一路上溯至绍兴上虞通明坝地区。在奉化江流域，海潮则可沿"甬江—奉化江—鄞江"河道，上溯至今天鄞江镇樟溪附近（图 1-4）。"咸淡交织"覆盖范围之广，由此可见一斑。

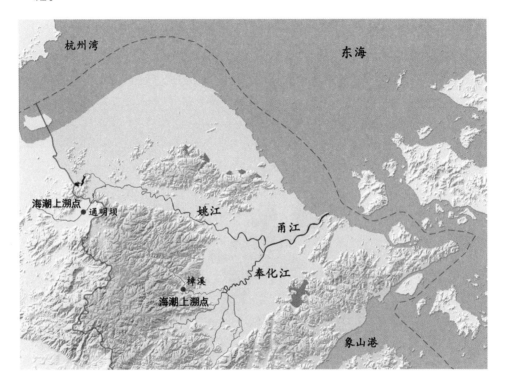

图 1-4　宁波海潮上溯范围示意图

（图片来源：笔者绘制）

2. 人工水利环境的"蓄淡阻咸"格局

由于海侵地质现象及日常潮汐运动的影响，宁波平原不仅土地严重盐渍化无法耕种，而且城乡聚落的水源也时常因卤化而无法饮用。再加上区域内"山—原—海"台阶式地形地貌的影响，淡水资源极易随江河奔泻入海。北宋鄞县县令王安石就曾在《上杜学士言开河书》中总结道："深山长谷之水，四面而出，沟渠浍川，十百相通……山谷之水，转以入海而无所潴。"因此，宁波水利建设的关键就在于"蓄淡阻咸"，一方面含蓄水源、淡化土壤，另一方面抵御咸潮、防止卤化。

历史上,宁波修建的水利工程不计其数,其中以奠定区域水利格局的唐、宋两代为最。据不完全统计,唐宋两代修建的水利工程多达 77 处(表 1-2,图 1-5),包括碶、闸、堰、坝、河、湖、堤、塘等多种类型水利设施。这些水利设施的建设选址十分考究,主要集中在三大区域:一是在四明山、天台山的山前坡地区域,围湖蓄淡;二是在宁波平原的姚江、甬江、奉化江流域,堰碶截流;三是在沿海地区的滩涂成陆区域,筑塘卸潮。宁波在整体上形成"内筑湖塘蓄淡,外筑海塘卸潮"的区域水利格局。其中,以"碶"为代表,最具"蓄淡阻咸"的功能特色。"碶"原指石砌的水闸,可以自由启闭。碶闸关闭,则内可蓄淡,外可阻咸;碶闸开启,则平时通航,急时泄洪。其最大的特点就是能根据内外水位差异,灵活调控咸水流及淡水流的走向,因而广泛分布于宁波江河湖海交汇处。老宁波也因此有句俗语:"阿拉宁波地方,有山必有水,有水必成溪,有溪必连河,有河必入海,入海必通碶。"[①]

表 1-2　唐宋时期宁波水利工程统计表

山前坡地区域水利工程(14 处)——围湖蓄淡					
水利工程	区域位置	修建时间	水利工程	区域位置	修建时间
白洋湖	翠屏山北麓	唐景龙年间(707—709 年)	沈窖湖	翠屏山北麓	宋淳熙九年(1182 年)
慈湖	翠屏山南麓	唐开元年间(713—741 年)	姜湖	翠屏山南麓	
东钱湖	天台山西麓	唐天宝三年(744 年)	苏湖	翠屏山南麓	
广德湖	四明山东麓	唐大历八年(773 年)	鸡鸣湖	翠屏山南麓	
杜湖	翠屏山北麓	唐贞元年间(785—804 年)	富都湖	天台山北麓	

---

① 石志藏. 源远流长的宁波之"碶"[N]. 宁波晚报,2014-10-05.

续表

山前坡地区域水利工程（14处）——围湖蓄淡					
水利工程	区域位置	修建时间	水利工程	区域位置	修建时间
花墅湖	翠屏山南麓	唐贞元十年（794年）	彭城湖	天台山北麓	
仁湖	四明山东麓	宋绍兴年间（1131—1162年）	白马湖	天台山东麓	

平原江河流域水利工程（53处）——堰碶截流					
水利工程	区域位置	修建时间	水利工程	区域位置	修建时间
小（江）湖	三江口	唐贞观十年（636年）	育王碶	芦江流域	宋宝庆年间（1225—1227年）
双河堰	双河流域	唐景隆元年（707年）	西渡堰	后塘河	宋淳祐年间（1241—1252年）
洋浦闸	双河流域	唐景隆元年（707年）	江东碶闸	三江口	宋淳祐二年（1242年）
九里堰塘	三江口	唐大历年间（766—779年）	保丰碶	三江口	宋淳祐二年（1242年）
赵河	奉化县北	唐元和十一年（817年）	大石桥碶	三江口	宋淳祐二年（1242年）
白杜河	奉化县东	唐元和十四年（819年）	回沙闸	鄞江	宋淳祐二年（1242年）
它山堰	鄞江	唐太和年间（827—835年）	颜公渠	江北前大河	宋淳祐六年（1246年）
南塘河	鄞县西南	唐太和年间（827—835年）	江塘	奉化江流域	宋宝祐年间（1253—1258年）
行春碶	南塘河	唐太和年间（827—835年）	黄泥埭	快船江	宋宝祐五年（1257年）

续表

平原江河流域水利工程（53处）——堰碶截流						
水利工程	区域位置	修建时间	水利工程	区域位置	修建时间
乌金碶	南塘河	唐太和年间（827—835年）	管山江	慈江	宋宝祐五年（1257年）
积渎碶	南塘河	唐太和年间（827—835年）	中大河	江北平原	宋宝祐五年（1257年）
仲夏堰	鄞江流域	唐宝历年间（825—827年）	茅针碶	江北平原	宋宝祐五年（1257年）
朱家塘	剡溪流域	唐天祐年间（904—924年）	化子闸	慈江	宋宝祐五年（1257年）
土埭	剡溪流域	唐天祐年间（904—924年）	林家堰	三江口	宋宝祐五年（1257年）
穿山碶	芦江	宋庆历七年（1047年）	洪水湾	鄞江	宋宝祐六年（1258年）
前塘河	鄞东南平原	宋嘉祐年间（1056—1063年）	练木碶	姚江	宋宝祐六年（1258年）
东中塘河	鄞东南平原	宋嘉祐年间（1056—1063年）	水则碑	三江口	宋开庆元年（1259年）
后塘河	鄞东南平原	宋嘉祐年间（1056—1063年）	永丰碶	三江口	宋开庆元年（1259年）
朝宗碶	象山县南	宋治平年间（1064—1067年）	开庆碶	后塘河流域	宋开庆元年（1259年）
刘大河碶	奉化县北	宋熙宁年间（1068—1077年）	郑家堰	奉化江	宋开庆元年（1259年）
李家堰	姚江流域	宋元祐年间（1086—1094年）	长塘堰	鄞东南平原	
西塘河	鄞西平原	宋政和七年（1117年）	方胜碶	县江流域	

续表

平原江河流域水利工程（53处）——堰碶截流					
水利工程	区域位置	修建时间	水利工程	区域位置	修建时间
鄞西中塘河	鄞西平原	宋政和七年（1117年）	常浦碶	剡溪	
李溪闸	姚江	宋绍兴四年（1134年）	旧河	象山县南	
进林碶	东江流域	宋绍兴十三年（1143年）	灵长碶	象山县西南	
千丈河	象山县西	宋淳熙五年（1178年）	北津堰	西塘河	
彭山闸	慈江流域	宋淳熙十三年（1186年）			

沿海滩涂区域水利工程（10处）——筑塘卸潮					
水利工程	区域位置	修建时间	水利工程	区域位置	修建时间
中横塘	慈溪北沿海	唐初	海塘石碶	慈溪北沿海	宋嘉祐二年（1057年）
上塘	慈溪北沿海	五代至北宋初	定海石塘	镇海北沿海	宋淳熙十年（1183年）
谢令塘	慈溪北沿海	北宋中后期	会源碶	象山东沿海	宋嘉定十二年（1219年）
大古塘	慈溪北沿海	北宋至明初	新堰	慈溪北沿海	宋宝祐五年（1257年）
古窑闸	慈溪北沿海	宋庆历年间（1041—1048年）	支浦闸	慈溪北沿海	宋开庆元年（1259年）

表格来源：笔者绘制。

参考资料：陆敏珍. 唐宋时期明州区域社会经济研究 [D]. 杭州：浙江大学，2004.

鄞县地方志编纂委员会. 鄞县志 [M]. 北京：中华书局，1996.

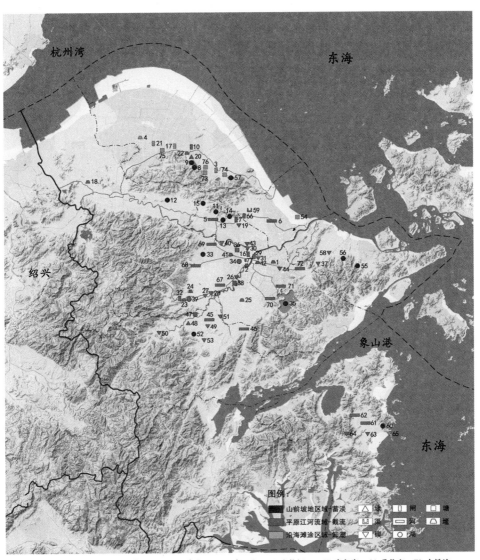

图 1-5　唐宋时期宁波水利工程分布示意图

(图片来源：笔者绘制)

二、宁波历史演化的水利耦合性

宁波这样的海侵地区,由于平原土壤盐碱化,早期农业生产和聚落发展尤其依赖水利建设。水利工程覆盖到哪里,农业生产才能跟进到哪里,城乡聚落才能发展到哪里。从时间维度来看,宁波水利经历了一个"点"(末端阻截)—"源"(源头治理)—"流"(河网疏通)—"域"(系统完善)的发展过程(图1-6),地方社会历史演化也相应经历了蒙昧期、发展期、鼎盛期、成熟期四个阶段,呈现出契合性特征。

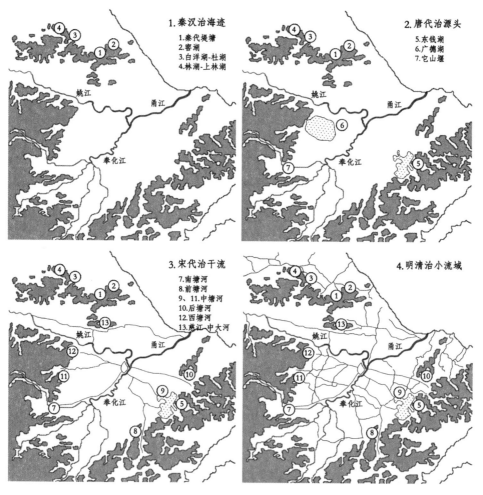

图1-6 宁波水利发展过程阶段示意图

(图片来源:笔者绘制)

1. 秦汉治海迹，社会原始蒙昧期

海退之后，宁波平原大部分地区仍然"咸潮出没"，并不适宜人居生产。由于技术能力和人口规模的限制，治水能力也十分有限。因此，先秦时期的越地先民，不得不在四明山、天台山缘选择溪流入川的坡地水口，发展建设早期人居聚落。这其中，以句章、鄞、鄮三大聚落为代表。句章古城于公元前472年由越王勾践所筑，据南宋《宝庆四明志》记载，古句章位于今天慈城镇以南7.5千米，鄞州与余姚交界的城山渡附近，有大隐溪流经。明清史学家黄宗羲，在《四明山志》中曾有描述"其山东面如惊浪……一条流水入句章"。鄞位于今天鄞州与奉化白杜交界处，白杜河与横溪流经此地。鄮位于今天鄞州宝幢附近，有东吴、画龙、天童三条溪水汇流，水源十分充足①。除此之外，早期历史聚落还有慈溪童家岙村、奉化茗山后村、余姚鲻山村、江北八字桥村等，它们均零散分布于平原四周的山间水口处（图1-7）。

秦汉至南北朝时期，宁波水利建设仍然处于初始的低水平状态。这一阶段有据可考的水利活动，大多集中于秦汉两朝，并且以翠屏山北部海迹湖泊的堤塘修建为主。比如，目前已知最早的古塘，是今慈溪龙山镇方家河头村山腰的高塘遗址，全长约1千米，大体为东西走向，据传建于秦始皇时期②。东汉初年，这一带又陆续围筑形成了窖湖、白洋湖、杜湖、林湖、浊溪湖等人工潟湖③。同时期的中心平原区域，水利建设活动十分稀少，仅在《晋书》孔愉传中有"汉时旧陂，溉田二百余顷"的记载。整体而言，水利建设以末端阻截的零散点状工程为主，宁波平原依然处于原始的咸潮水文环境中。

同时期的宁波地方社会，同样发展缓慢，处于原始蒙昧状态。在行政区划方面，自公元前221年秦始皇在宁波设立句章、鄞、鄮三县以来，直至隋朝的八百余年历史中，三县并置的行政格局基本没有改变。在公元589年，隋朝将句章、鄞、鄮、余姚四县，合并为大句章县，县治在小溪，

---

① 周时奋. 话说鄞州[M]. 杭州：浙江摄影出版社，2010.
② 王清毅. 慈溪海堤集[M]. 北京：方志出版社，2004.
③ 黄文杰. 从滨海湿地到水韵江南——溯源宁波七千年水利治理模式[J]. 宁波通讯，2016（4）：50-55.

即今天的鄞江镇（图 1-7）。郡治或州治行政中心，先后在吴县（今苏州）和山阴县（今绍兴），宁波实属边塞蛮荒之地。人口规模方面，西晋太康年间（280—289 年），余姚县人口仅 3750 户，十分稀少。南朝刘宋孝武帝时（460 年前后），会稽内史孔灵符曾上表谏言，主张将山阴县"无资之家"迁入余姚、鄞、鄮三县，开垦湖田，以解决山阴县民多田少的矛盾①。这些都从不同侧面表明，宁波地域尚未真正进入开发建设阶段。

图 1-7　宁波平原早期聚落发展示意图

（图片来源：笔者绘制）

---

① 《宋书》卷五十四·列传第十四·孔季恭传附弟灵符："山阴县土境褊狭，民多田少，灵符表徙无资之家于余姚、鄞、鄮三县界，垦起湖田。"

2. 唐代治源头，社会快速发展期

唐代，宁波开始对区域水文环境进行有组织、有计划的大规模改造，源头治理工程成为重点①。这其中，位于平原四周山前区域的东钱湖、广德湖、它山堰，是奠定宁波发展基础的三大水利枢纽工程（图1-6）。东钱湖是海迹湖，位于宁波府城东南15千米，天台山西麓山脚。唐天宝三载（744年），鄮县令陆南金率众筑堤蓄水，东钱湖首次得到人工修浚，当时灌溉田地达到500余顷②。广德湖也是海迹湖，位于鄞西平原四明山前。唐大历八年（773年），鄮县令储仙舟首次对其加以修治。贞元九年（793年）时，刺史任侗增修扩建，灌溉田地达到400顷③。关于东钱湖、广德湖的水利作用，宋代曾巩在《广德湖记》中描述曰："凡鄮之乡十有四，其东七乡之田，钱湖溉之；其西七乡之田，水注之者，则此湖也。"它山堰位于今鄞江镇，于唐太和七年（833年）由鄮县令王元炜所建④，当时灌溉田地面积达到800余顷，是我国古代四大水利工程之一。宋朝的魏岘在《四明它山水利备览》一文中赞其曰："自唐逮今四百十有六岁，民食之所资，官赋之所出，家饮清泉，舟通货物，公私所赖，为利无穷。"

源头水利工程的修建，推动宁波地方社会进入快速发展期。首先，从行政结构来看，唐开元二十六年（738年），朝廷升大鄮县⑤为明州，州治在小溪，下辖鄮、奉化、慈溪、翁山（今舟山）四县（图1-8）。历史上，宁波这片土地终于脱离会稽郡、越州的管辖，确立了独立的州级行政建

---

① 邱枫. 宁波古村落史研究［M］. 杭州：浙江大学出版社，2011.
② 宋朝参考《唐令》制定了《田令》，其中记载："诸田广一步，长二百四十步为亩，百亩为顷。"
③ 《新唐书》卷四十一·志第三十一·地理志·鄮县条有记载："鄮，西十二里有广德湖，溉田四百顷，贞元九年，刺史任侗因故迹增修。"
④ 公元1101年，北宋舒亶的《西湖引水记》中写道："颇闻王侯实始作堰……侯，讳元炜，史不传，不知何许人也，唐太和中实令是邑。得之父老自它山以北，故时皆江也，溪流猥并，与潮汐上下，水不蓄泄，旱潦易灾。侯为视地高下，伐木斫石，横巨流而约之，率三入江、七入于河，溉田凡八百余顷。其功利溥矣，故民至今祠之。"
⑤ 公元621年，唐朝曾废弃隋设立的大句章县，划出余姚，以原句章、鄞、鄮三县为界建立鄞州。625年，鄞州又被裁撤，降为（大）鄮县，区划范围不变。

制。其次，从人口规模来看，明州设立之时，人口规模达到42207户，207032人①，与六朝时期会稽郡的人口规模相当。再次，从聚落发展来看，唐代不仅新增了慈城、奉化、翁山三个县城和一大批乡村聚落，而且唐长庆元年（821年），明州治也从小溪迁至三江口子城（内城）②，标志着宁波府城的正式诞生。唐乾宁五年（898年），明州刺史黄晟率众于子城外修筑了罗城（外城）③，明州城形制得以完善，成为宁波平原新的政治、经济、文化中心。最后，从商品经济来看，便捷的水运推动海洋贸易快速增长，明州港迅速崛起成为唐代海上丝绸之路的四大港口之一。

可以说，唐代对源头水利工程的建设，推动了宁波地域开发从平原四周不断向中心区域迈进，地方社会、经济、政治、文化等方面都得以快速发展。

3. 宋代治干流，社会繁荣鼎盛期

宋代，宁波水利工程建设之活跃，达到历史的高峰。唐代源头治理之后，平原河网干流疏通成为这一时期水利事业发展的主要任务，代表性工程包括"六塘河水系"的修建和"慈江航道"的疏通。"六塘河"中，鄞西南塘河开挖于唐代它山堰同期；鄞东南的前塘河、中塘河、后塘河，开挖于北宋嘉祐年间（1056—1063年）；鄞西的中塘河、西塘河，开挖于北宋政和七年（1117年），用于替代被废之后的广德湖，引大雷山溪水灌溉鄞西平原④。"慈江航道"是大运河（宁波段）的组成部分，主要用于缓解潮汐对姚江航道的不利影响。南宋宝祐五年（1257年）时，浙东制置使吴潜先后主持开凿管山江、疏通刹子港和中大河、修筑化子闸，全面贯通了"慈江—刹子港—中大河"航道，使宁波区域内外之间水运通达。这些干流治理工程，最终在宁波平原形成了"三江六塘河"的区域水网体系

---

① 宁波市地方志编纂委员会. 宁波市志［M］. 北京：中华书局，1995.
② 《宝庆四明志》载："长庆元年刺史（韩察）易县治为州，撤旧城，筑新城。设有东南西北四门。"
③ 据黄晟墓碑云："此郡先无罗城，郭民若野居。晟筑金汤壮其海峤，绝外寇窥觎之患，保一州生聚之安。"
④ 斯波义信. 宋代江南经济史研究［M］. 方健，何忠礼，译. 南京：江苏人民出版社，2012.

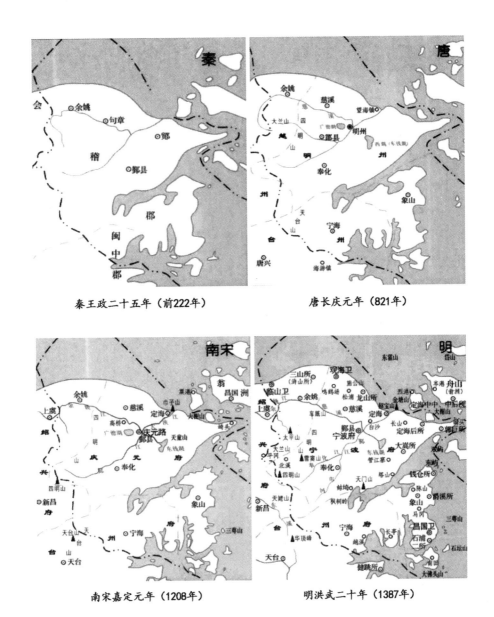

秦王政二十五年（前222年）

唐长庆元年（821年）

南宋嘉定元年（1208年）

明洪武二十年（1387年）

图1-8 宁波历史沿革示意图

(图片来源：宁波市地方志编纂委员会办公室，浙江省工程勘察院，宁波国土测绘院. 宁波市情图志 [M]. 哈尔滨：哈尔滨地图出版社，2011)

（图1-6）。"江"与"河"在水网系统中各司其职："三江"作为自然河道，是水运交通和洪涝排泄的主要通道；"六塘河"作为人工河渠，与"三江"

阻隔，主要用于引流灌溉和蓄淡阻咸①。南宋开庆元年（1259年），吴潜在宁波府城鼓楼前的平桥下，设立"平"字水则碑，作为统一调控区域内外江、河水位的标尺，标志着"三江六塘河"水利网络硬件、软件系统的最终成形。

宋代"三江六塘河"的干流治理，使宁波平原水利工程在区域层面成为一个互联互通的水利系统。宁波城乡地域也通过水利的纽带作用，成为一个协同发展的统一体。在内外历史机遇的共同助力下，宁波迅速迎来了自身历史发展的繁荣鼎盛期。行政方面，明州从唐代时的"一府四县"，扩展至宋代的"一府六县"——鄞县（原鄮县）、慈溪、奉化、昌国（原翁山县）、象山、定海（今镇海）。人口方面，南宋乾道年间（1165—1173年），仅鄞县一县就有户籍人口39600户，规模至少在20万人以上②，与唐代初设明州时的人口规模相当。聚落方面，除新增象山、定海两个县城之外，据《乾道四明图经》和《宝庆四明志》记载，宋代鄞县有乡13、里13、村20③；奉化县有乡8、里14、村25④；慈溪县有乡5、里12、村22；定海县有乡7、里7、村31。经济方面，大运河（宁波段）的水运疏通，极大地刺激了商品经济的发展。不仅宁波涌现出了造船业、纺织业、酿造业、制药业、铁器加工业等一大批专业产业门类⑤，而且明州港发展成为举世闻名的东南港埠，赋予宁波"港通天下"的美誉。文化方面，明州蒙学、书院、官学教育系统逐渐完善，各界文化名仕辈出。仅科举取士一项，南宋百年朝纲就有"满朝朱衣贵，尽是四明人"之说。

总而言之，宋代干流治理对区域水利系统的完善，推动宁波在社会、政治、经济、文化等各方面的发展，都达到一个历史的高峰。

---

① 黄文杰. 文·化宁波——宁波文化的空间变迁与历史表征[M]. 杭州：浙江大学出版社，2015.

② 陆敏珍. 唐宋时期明州区域社会经济研究[D]. 杭州：浙江大学，2004.

③ 保留至今的宋代鄞县村落有高桥村、沈店村（现属海曙区）、盛垫村、张村、定桥陈村、北渡村、栎社村、黄（公）古林村、林村、姜山、铜盆浦、宝幢村、东吴村。

④ 保留至今的宋代奉化村落有长汀、茗山、龙潭、白杜、石桥、双溪、固海、晦溪、陆照、公塘、曹村。

⑤ 林士民. 三江变迁——宁波城市发展史话[M]. 宁波：宁波出版社，2002.

4. 明清治小流域，社会成熟稳定期

到 13 世纪时，宁波平原为整治自然景观和开发生产潜力所必需的硬、闸、堰、坝、河、渠、堤、塘，基本已经建设完毕[①]。明清的水利工程建设，主要是在唐宋基础上进行系统完善，"小流域治理"和杭州湾南岸"海涂围垦"成为重点（图 1-6）。小流域治理，就是对"三江六塘河"水系的支流河网进行疏通整治，使水利灌溉范围覆盖宁波平原的各个角落。海涂围垦即通过海塘建设，对外卸潮护堤，对内围涂造田。明清海塘建设开始于翠屏山北麓的大古塘（一塘），一直延续至千固塘（八塘），历时数百年。这一时期，杭州湾海岸线北退成陆速度远远快于唐宋两代。

与此同时，明清宁波地方社会也在唐宋基础之上，继续成熟稳定发展，甚至达到当时生产力水平下的饱和状态。从人地关系来看，鄞县在南宋宝庆年间（1225—1227 年），有耕地 746 顷 29 亩；到明洪武时期（1368—1398 年），耕地面积增长至 10928 顷 211 亩，扩大了将近 14 倍；至明末时（1627—1644 年），全县耕地为 11064 顷 5 亩[②]，与明初相差无几，可见宁波平原的土地到明代时已基本开发殆尽。与之相对应，明洪武十四年（1381 年），宁波府有人口 10 万户，乡村聚落约 2000 座。随着人口、聚落的继续发展，宁波平原人地关系逐渐趋于紧张。史料记载，北宋末年（1127 年），镇海县人均耕田有 9 亩，但到了清代中叶，宁波府人均耕田仅 1.47 亩。受此影响，明清时期出现了许多从宁波平原往四明山、天台山分族、迁居的空间拓展现象。从商贸经济来看，明清两代宁波商人充分发挥"港通天下"的水运交通优势，经营四方，以致大江南北都流传着"无宁不成市"的传说，宁波商帮也成功跻身中国十大商帮之一。从文化发展来看，源起于宋代、主张"经世致用"的"浙东学派"，在明清盛极一时。涌现出王阳明、黄宗羲、万斯同、全祖望等一大批著名经史学家，对中国乃至日本、东南亚地区的近现代学术，都产生了重要影响。

[①] 施坚雅. 中华帝国晚期的城市 [M]. 叶光庭，徐自立，王嗣均，等译. 北京：中华书局，2000：474.

[②] 邱枫. 宁波古村落史研究 [M]. 杭州：浙江大学出版社，2011.

第二节　水利社会：普遍的农业社会关系体系

一、水利社会理论体系

"水利"的汉语概念，最早见于先秦《吕氏春秋·慎人》，曰："掘地财，取水利。"西汉《史记·河渠书》在记载李冰修建都江堰以避水害、行舟船、灌良田时，也写道"自是之后，用事者争言水利"。可见，自秦汉以来，"水利"一词的含义就可以概括为：人类出于趋利避害的生存发展需要，对自然水环境进行人工干预的行为及工程设施，包括防洪、灌溉、航运等多种功能含义。其中，以"掘""修""建"为代表的劳动实践过程，是"水利"概念的本质所在。"水利社会"概念的正式提出，源自2004年山西大学召开的一次"区域社会史比较研究"学术会议。会上，各方水利史专家以"水利资源分配""水利利益冲突"为主题，对"水利社会"概念展开研讨。会后，北京大学王铭铭教授在《"水利社会"的类型》一文中，将"水利社会"定义为"以水利为中心延伸出来的区域性社会关系体系"[1]，得到水利史学界的广泛认可。它融合了"水利"概念的实践本质以及"社会"概念的整体视野。"水利社会"概念的产生，源自水利史研究对过往"以水利工程和技术为主的'治水'框架"的反思，转而"将水利作为社会发展的一部分，从政治、经济、社会等多角度探讨水利及其互动关系"[2]。"水利"由此不仅仅是一项工程技术，更是理解地域社会形态的抓手，其传达的是"水利与区域社会联盟形成的机制及相互作用的关系"[3]。

---

[1] 王铭铭."水利社会"的类型[J].读书，2004（11）：18-23.
[2] 行龙.从"治水社会"到"水利社会"[J].读书，2005（8）：55-62.
[3] 王龙飞.近十年来中国水利社会史研究述评[J].华中师范大学研究生学报，2010，17（1）：121-126.

自此以后，国内历史学家和人类学家围绕水利社会的研究方兴未艾。在以农为本的中国古代社会，水利作为生产力水平的重要标志，其与土地、农业的密切结合，构成社会发展的重要基础，宗族社会关系、市场经济关系、信仰文化关系等社会要素的建立都有赖于此[①]。与过去技术史研究不同的是，"水利社会"概念的出现，真正呈现出将水利作为社会发展的一部分，从政治、经济、社会、文化等多角度探讨水利及其互动关系的研究局面[②]。比如行龙教授就曾指出，山西水利社会史研究主要从四个方面展开，首先是对水资源的时空分布特征及其变化进行全面分析，并以此作为划分类型和时段的基本依据；第二是对以水为中心形成的社会经济产业的研究；第三是以水案为中心，对区域社会的权力结构及其运作、社会组织结构及其运作、制度环境及其功能等问题开展系统研究；第四是对以水为中心形成的地域色彩极浓厚的传说、信仰、风俗文化等社会日常生活的研究[②]。

事实上，在"水利社会"概念出现之前，水利对中国政治、经济、社会、文化等各领域的重要影响，早已受到历史学、人类学、经济学等各界专家学者的高度重视。比如，魏特夫的治水国家说，揭示了水利与东方专制国家意识形态、政治制度之间的关联性；冀朝鼎及施坚雅在水利、水运基础上，对中国历史上的基本经济区和区域市场模式的论述，阐明了水利在区域经济发展中的重要作用；弗里德曼对中国东南地区水利与宗族组织的研究，以及日本学者提出的水利共同体理论，指出了水利在地方社会关系组织中的纽带作用；各色水神信仰研究，表明了水利在民间信仰习俗中的重要地位。

"水利国家""水利市场""水利宗族、水利共同体""水利信仰"等不同维度的现有理论，都将成为"水利社会"理论体系的重要组成内容，并建立其与"国家与社会关系理论""市场圈理论""宗族理论""祭祀圈理论"等上层、中层理论的互动关系（图1-9）。

---

① 张俊峰. 明清中国水利社会史研究的理论视野 [J]. 史学理论研究，2012（2）：97-107.

② 行龙. "水利社会史"探源——兼论以水为中心的山西社会 [J]. 山西大学学报（哲学社会科学版），2008（1）：33-38.

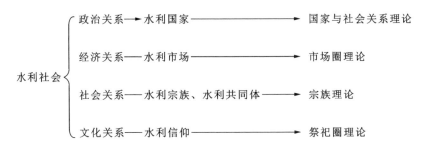

图 1-9　水利社会理论体系示意图

（图片来源：笔者绘制）

二、水利社会形成过程

水利现象广泛存在于世界各地人们的生产生活当中，但并不是所有社会形态都能称为"水利社会"。它的出现，必须满足一定条件，经历相应过程。简而言之，"水利核心地位"是水利社会形成的基础条件，"水利空间单元"是水利社会形成的空间载体，"水利社会单元"是水利社会形成的标志（图 1-10）。

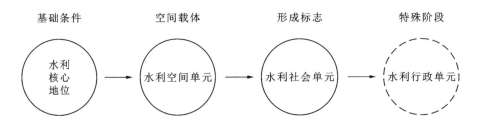

图 1-10　水利社会形成过程示意图

（图片来源：笔者绘制）

在小农经济时代，因为农业生产对水利的极端依赖，赋予水利核心地位，使其能够发挥地方社会组织建构的核心作用[①]。人们出于生活、生产的共同利益需求，本能地围绕水利事务形成各种"水利生产关系"，比如水利灌溉、水利运输等生产活动协作关系，河工局、湖工局等建设管理水利组织，水册、"均包湖米"等用水秩序等。尽管这些关系可能有

---

① 鲁西奇. "水利社会"的形成——以明清时期江汉平原的围垸为中心[J]. 中国经济史研究，2013（2）：122-139，172，176.

着丰富的社会内涵，但其始终还是囿于水利范畴内的功能组织关系，无法脱离水利本体而存在。"水利生产关系"的形成，意味着"水利空间单元"的建立。空间单元范围的"内—外"之分，强化了水利利益格局的"他—我"身份，从而具有了群体分化的社会意义。比如，在许多水利区域，地方民众往往以"某某渠人""某某坝人"自居，直接以水利设施作为社会身份认同的标志。如此一来，随着水利功能组织关系的不断强化，"水利空间单元"逐渐转变为"水利社会单元"。单元内部也不断衍生出以水利宗族、水利共同体为代表的社会组织，以水利信仰为代表的文化习俗，以提升内部成员间的社会凝聚力，帮助推动水利事务的开展。与功能组织关系不同的是，这些源于水利的社会组织关系，最终都超越了水利事务范畴本身，具有相对独立的存在形式和演化规律。换句话说，即便脱离水利工程，水利宗族组织、社会认同感、水利信仰形式依然能独立存在，继续发展。所以，"水利社会单元"具有习惯法意义上的强制性，是相对稳定的社会关系①，它的建立是"水利社会"形成的标志。

然而，鲁西奇教授研究江汉平原水利社会时认为，国家权力的介入，赋役征科系统、安防团练系统与水利系统的叠合，赋予其"准行政区域"的意义，即"水利社会单元"向"水利行政单元"的转变，才意味着水利社会的真正形成①。本书对此有两点不同看法。首先，水利社会本质上是一种自下而上的社会组织形式，它的形成固然离不开政府的支持和帮助，但并不意味着它的存在必须得到自上而下的官方认证。即便没有政府依水利划定的行政单元和赋税单元，以水利为中心的社会关系体系依然存在。其次，江汉平原围垸水利相对封闭、独立的空间单元形式，为水利单元与行政单元的对接，提供了结构性基础。但其他水利区域更为普遍的情况是，同一条水渠或河流，流经多个乡、里；同一个水利湖泊，灌溉多个乡、里。江汉平原"水利社会单元"向"水利行政单元"的转变，应是水利社会形成的一种特殊阶段，而非必经过程（图1-10）。

---

① 鲁西奇."水利社会"的形成——以明清时期江汉平原的围垸为中心［J］. 中国经济史研究，2013（2）：122-139，172，176.

三、水利社会区域类型

中国是一个地域广袤的国度，不同地区的地形地貌、水文气候截然不同，南北有丰水、缺水之分，东西有沿海、内陆之别。在不同的地区，水资源类型不同，其开发利用的模式、对应的社会组织、经济发展水平、文化程度也会有所不同[①]，由此产生的水利社会也必然呈现出不同的类型差异。以干旱少雨的山西省为例，缺水带来的人口、土地与水资源的矛盾，是该地区水利社会的核心问题。历史上，"晋省以水起衅，诣讼凶殴者案不胜书"的水案纠纷，"油锅捞铜钱"的三七分水制度，"宁叫吃个馍，不叫喝口水"的用水习惯，都与缺水导致的惜水、争水有关[②]。而在雨水充沛的南方省市，洪涝之苦远胜于干旱。因此，与水权利益分配的公平性相比，水利防灾系统的完善，显得更为重要（表1-3）。

表1-3 中国南北方水利及水利社会主要差异

地域	代表地区	水文特征	水利工程	水利功能	建设主体	水利社会关键问题
北方	山西（晋中盆地）	少雨缺水区	泉、井、渠	灌溉，抗旱	政府主导，私人参与	利益分配的公平性，水案纷争频繁
南方	湖北（江汉平原）	多雨丰水区	河、湖、库	灌溉，防洪	社会主导，政府协助	建设管理的协作性，自治组织完善

表格来源：笔者绘制。

地域水文的多样性，带来水利社会区域类型的丰富性。目前，在水利社会类型的研究过程中，地域水文空间特征差异是类型划分的主要标准。比如，行龙教授根据水文空间形态特征，将水利社会划分为流域社会、泉域社会、洪灌社会、湖域社会等不同类型[①]。除此之外，根据不同地区水利与农田、聚落空间组合方式的不同，也可以将其划分为江南圩田水利社会、两湖垸田水利社会、岭南沙田水利社会、新疆绿洲水利社会等（表1-4）。可以看到，在农业时代背景下，水利社会是一种普遍存在的区域性社会关系体系。

---

① 行龙."水利社会史"探源——兼论以水为中心的山西社会[J]. 山西大学学报（哲学社会科学版），2008（1）：33-38.

② 行龙. 从"治水社会"到"水利社会"[J]. 读书，2005（8）：55-62.

表 1-4 不同地区"水利-农业-聚落"相互关系类型特征

地区	类型	水利、农田组合形式	衍生聚落		水利、聚落空间关系
江南地区	圩田水利社会	"江南旧有圩田,每一圩方数十里,如大城,中有河渠,外有门闸,旱则开闸,引江水之利,涝则闭闸,拒江水之害,旱涝不及,为农美利"①	圩岸聚落		聚落常集中在河港圩岸的高地上,呈线状排列,常以河、湖、港、浜、渎、溇、荡、埠命名②
两湖地区	垸田水利社会	湖南、湖北地区在沿江、沿湖的低地农田四周,修筑防水堤坝,与水争地,内有排灌系统,筑堤所围田地称为垸田,与圩田类似③	堤垸聚落	堤岸聚落	与圩岸聚落相似,聚落建在堤岸上,顺河渠、堤岸延伸,形成狭长布局④
				垸台聚落	散布在围垸内大大小小的"台""墩"聚落,村在垸内,垸为村障④
岭南地区	沙田水利社会	珠江三角洲地区,江河泥沙在沿海滩涂冲积形成土地,经人工筑堤拦沙,围海垦田后,形成的田地⑤	落沙聚落		租种沙田的疍民⑥及失业游民,被称为落沙者,他们在沙田区沿涌渠搭架茅寮居住,形成聚落,呈线状形态⑦

---

① 引自范仲淹《答手诏条十事》。

② 侯晓蕾,郭巍. 圩田景观研究——形态、功能及影响探讨[J]. 风景园林,2015(6):123-128.

③ 吕兴邦. 江汉平原的堤垸水利与基层社会(1942—1949)——以湖北省松滋县三合垸为中心[J]. 古今农业,2011(1):105-117.

④ 方盈. 堤垸格局与河湖环境中的聚落与民居形态研究——以明清至民国时期江汉平原河湖地区为例[D]. 武汉:华中科技大学,2016.

⑤ 刘志伟. 地域空间中的国家秩序——珠江三角洲"沙田—民田"格局的形成[J]. 清史研究,1999(2):14-24.

⑥ 疍民以船为家,是我国水上居民的旧称,主要分布在两广和福建东南沿海一带。

⑦ 叶显恩,周兆晴. 沙田开发与宗族势力[J]. 珠江经济,2008(1):89-96.

续表

地区	类型	水利、农田组合形式	衍生聚落	水利、聚落空间关系
新疆地区	绿洲水利社会	通过坎儿井地下渠道、竖井，借助地势落差，引流高山雪水，进行农业灌溉和居民用水的引水建筑物	绿洲聚落	带状，逐水而绿。聚落通过"引水—布村—分水—布村"过程，呈带状发展①
				团状，围水而居。引水在村内形成水坝，民居环水分布，形成集聚区，呈团状形态②

来源：笔者绘制。

第三节 研究对象：挂牌的名城、名镇、名村聚落

从词源来看，"城乡历史聚落"一词的产生，来自对"聚落"物质客体的时（历史）、空（城乡）限定抽离。"聚落"一词，意为"人类各种形式的居住场所，包括都市、城镇和乡村"。早期，其内涵较为单一，常用来表示"居住人群"与"空间地点"相结合的建筑集合体。比如，《汉书·沟洫志》中有记载："或久无害，稍筑室宅，遂成聚落"。《史记·五帝本纪》中也有"一年而所居成聚，二年成邑，三年成都"的记载。后来，随着社会发展，对"聚落"内涵的理解也越来越全面。金其铭先生就指出："聚落是人类活动的中心，它既是人们居住、生活、休息和进行各

---

① 赵宇雯. 新疆绿洲传统聚落亲水性空间研究——以吐峪沟乡麻扎村为例 [C] // 中国城市规划学会，东莞市人民政府. 持续发展 理性规划——2017 中国城市规划年会论文集. 北京：中国建筑工业出版社，2017：9.

② 岳邦瑞. 绿洲建筑论——地域资源约束下的新疆绿洲聚落营造模式 [M]. 上海：同济大学出版社，2011：163.

种社会活动的场所，也是人们进行劳动生产的场所。"[①] 因此，它既是一种空间系统，也是一种文化系统，它既包括聚落所在的方位和空间，还包括复杂的经济、文化现象和社会关系[②]。在此基础之上，"城乡历史聚落"概念，主要用于指代"历史悠久、具有一定历史遗存的城市和村镇聚落"。在个体层面而言，"城乡历史聚落"概念内涵与"历史聚落"并无二致。而就区域整体而言，相比"历史聚落"城、乡并置的集合意义，"城乡历史聚落"概念更为突出城乡一体化的关联整体性。

本书中的城乡历史聚落，意指宁波市行政区范围内的所有历史城市及历史村镇，其中由政府审批并公布的各级历史文化名城、名镇、名村及传统村落是重点研究对象。截至 2021 年底，宁波市共有历史文化名城 2 个（国家级 1 个、省级 1 个），历史文化名镇 8 个（国家级 4 个、省级 4 个），历史文化名村 72 个（国家级 6 个、省级 17 个、市级 49 个），传统村落 45 个（国家级 28 个、省级 17 个），其中有 31 个村落既是历史文化名村又是传统村落（表 1-5，图 1-11）。这些城乡历史聚落既空间分离、相互独立，又彼此关联、共存于"内筑湖塘蓄淡，外筑海塘卸潮"的水利体系中，是一个统一的整体。

表 1-5　宁波市历史文化名城、名镇、名村统计表

历史文化名城（2）			
等级	市	等级	市
国家级（1）	宁波市	省级（1）	余姚市
历史文化名镇（8）			
等级	市县区	镇	等级	市县区	镇

等级	市县区	镇	等级	市县区	镇
国家级（4）	江北区	慈城镇	省级（4）	余姚市	梁弄镇
	象山县	石浦镇		余姚市	临山镇
	宁海县	前童镇		海曙区	鄞江镇
	慈溪市	鸣鹤镇		奉化区	溪口镇

---

① 金其铭. 聚落地理 [M]. 南京：南京师范大学出版社，1984：6.
② 罗勇，邹春. 客家民居与聚落文化研究 [M]. 哈尔滨：黑龙江人民出版社，2014：1.

续表

历史文化名村（72）					
等级	市县区	村	等级	市县区	村
国家级（6）	宁海县	许家山村	市级（49）	象山县	樟岙村
		龙宫村			南充村
	海曙区	李家坑村			墙头村
	鄞州区	走马塘村			东门渔村
	慈溪市	方家河头村		北仑区	郭巨村
	余姚市	柿林村			四合村
省级（17）	江北区	半浦村		镇海区	十七房村
	海曙区	大西坝村			憩桥村
		新庄村		鄞州区	新张俞村
		凤岙村			雁村
		密岩村			上街村
	慈溪市	山下村			上周村
	余姚市	横坎头村			勤勇村
		中村村			天童村
		金冠村			韩岭村
	奉化区	岩头村			陶公村
		葛竹村			建设村
	宁海县	东岙村			利民村
		力洋村			殷湾村
	象山县	黄埠村		海曙区	蜃蛟村
		溪里方村			前虞村
		儒雅洋村			崔岙村
		东陈村			鲍家堪村
市级（49）	宁海县	清潭村		江北区	建岙村
		马岙村			马径村
		箬岙村		余姚市	晓云村
		麻岙村			浪墅桥村
		河洪村			

续表

历史文化名村（72）						
等级	市县区	村	等级	市县区	村
市级（49）	慈溪市	任家溪村	市级（49）	奉化区	吴江村
		洪魏村			马头村
		龙山所村			甲岙村
	奉化区	栖霞坑村			董家村
		石门村			谢界山村
		六诏村			柏坑村
		斑竹村驻岭自然村			大堰村
					西坞村
					雷山村水塔地自然村
		青云村			

传统村落（45）						
等级	市县区	村	等级	市县区	村
国家级（28）	海曙区	蜜岩村	国家级（28）	余姚市	柿林村
		李家坑村			金冠村
	鄞州区	走马塘村			中村
		勤勇村		宁海县	许民村
		童夏家村			西岙村
	慈溪市	方家河头村			龙宫村
	奉化区	岩头村			清潭村
		茗雪村			力洋村
		青云村			东岙村
		栖霞坑村			梅枝田村
		马头村			若岙村
		西坞村			峡山村
		大堰村		象山县	东门渔村
		董家村			墙头村

续表

传统村落（45）					
等级	市县区	村	等级	市县区	村
省级（17）	海曙区	凤岙村	省级（17）	宁海县	马岙村
	镇海区	十七房村			麻岙村
	奉化区	白杜村			湖头村
		吴江村			梁皇村
	余姚市	五车堰村			岭口村
					下河村
	宁海县	庙岭村		象山县	黄埠村
		梁坑村			溪里方村
		岭徐村			东溪村

表格来源：笔者绘制。

图 1-11 宁波历史文化名城、名镇、名村分布示意图

(图片来源：笔者绘制)

第二章　城乡历史聚落演化的水利社会影响机制

关于城乡历史聚落形态的演化，地理学、建筑学、城乡规划学等已有不少研究。一般认为，聚落的生成与演化受到多种因素影响，包括地理、气候、政治、经济、技术、文化等。聚落形态的演进途径，大致可以分为两种方式："自然式"有机演进和"计划式"理性演进，或者说"自下而上"途径和"自上而下"途径[1]。丛书主编何依教授在其著作《四维城市——城市历史环境研究的理论、方法与实践》中，借鉴年鉴学派费尔南·布罗代尔（Fernand Braudel）的历史时段理论，将城市空间演化放在三个不同的时段中进行研究：基于"历史事件"的短时段演化，基于"社会形态"的中时段演化，基于"地理环境"的长时段演化[2]。在《明清时期山西古村镇形态特色解析》一书中，邓巍副教授从聚落地理学、文化地理学、历史地理学等多学科视角出发，将聚落空间形态影响因素归纳为人地关系、社会关系、历史事件三个方面，将古村镇空间特色衍生逻辑总结为"内生式"和"介入式"两种形式[3]。本书基本延续这一理论解释框架，并在此基础上进一步提出，除人地关系、社会关系、历史事件之外，区域关系同样是影响城乡历史聚落演化的重要因素。其中，人地关系和社会关系具有内生性，区域关系和历史事件具有介入性，是外部政治、经济、文化环境赋予聚落的功能性形态。比如，宁波作为浙江海防门户、东南商市港埠，一直以来都扮演着海防重镇和商贸重镇的角色。军事防御、商品流通成为影响城乡历史聚落发展的重要干预因素。区域职能角色催生下形成的空间要素（如古道、街市、海防设施等）与特定聚落结合形成古道型、市镇型、海防型等不同类型城乡历史聚落，呈现出空间形态的多样性[4]。

---

[1] 刘晓星.中国传统聚落形态的有机演进途径及其启示[J].城市规划学刊，2007（03）：55-60.

[2] 何依.四维城市——城市历史环境研究的理论、方法与实践[M].北京：中国建筑工业出版社，2016.

[3] 邓巍.明清时期山西古村镇形态特色解析[M].武汉：华中科技大学出版社，2019.

[4] 孙亮，何依.从规范到精准：基于特色的名村保护研究——以宁波市为例[J].城市规划，2019，43（2）：74-83.

第一节　水利工程：人地关系改造与缘地性空间

人地关系是聚落生存发展的客观物质基础，"乡村（城镇）聚落是人类适应、利用自然的产物。一方面，它以新的物质体系充填于自然环境中，对环境系统发生作用；另一方面，聚落的内部结构和外部形态无不深深打上了当地自然条件的烙印"①，体现了城乡历史聚落对自然环境的适应关系和空间形态的缘地性特征。水利社会中的水利工程建设，其实质是对自然水文环境的人工改造，从根本上改变了聚落空间与自然环境的适应关系。无论是个体层面还是区域层面，由于水利工程的人地关系改造，城乡历史聚落演化的缘地性更突出地表现为"因水而异"的水利适应性。

个体层面，这一适应关系主要围绕"防洪排涝"功能组织，表现为聚落空间"趋水之利、避水之害"的缘地性。华南理工大学吴庆洲教授长期专注于中国古代城市防洪排涝空间组织的研究，其学术成果之丰硕，可谓无人出其右。他对中国古城的防洪经验②、防涝经验③进行了系统而全面的梳理，研究足迹遍布北京④、成都⑤、赣州⑥、梧州⑦等许多历史城市。其中，《中国古城防洪研究》一书对我国不同历史时期、不同水系流域古城的防洪措施、体系、方略进行了全景式的研究，经验理论与典型案例相结合，可谓是古代理水与营城的百科全书。华中科技大学谭刚毅教授以武汉

---

① 金其铭. 农村聚落地理［M］. 北京：科学出版社，1988.
② 吴庆洲. 中国古城防洪的历史经验与借鉴［J］. 城市规划，2002（4）：84-92.
③ 吴庆洲. 保护古城水系，借鉴防涝经验［J］. 城市规划学刊，2018（1）：4-5.
④ 吴庆洲. 论北京暴雨洪灾与城市防涝［J］. 中国名城，2012（10）：4-13.
⑤ 吴庆洲. 中国古城防洪的成功范例——成都［J］. 南方建筑，2008（6）：9-13.
⑥ 吴运江，吴庆洲，李炎，等. 古老的市政设施——赣州"福寿沟"的防洪预涝作用［J］. 中国防汛抗旱，2017，27（3）：37-39，56.
⑦ 吴庆洲. "水都"的变迁——梧州城史及其适洪方式［J］. 建筑遗产，2017（3）：44-55.

为例，也深入探讨了水患、水运、堤防与城市形态、扩张方式之间的关联性[1]。

区域层面，我国国土空间辽阔，各地区水文条件差异较大，水利工程建设的功能、技术、形态各不相同，城乡历史聚落水利适应性的空间表征也截然不同，呈现出鲜明的区域类型特色。

在珠三角地区，华南理工大学的同仁长期专注于岭南水乡聚落的研究。陆琦教授系统论述了在桑基鱼塘、沙田水利环境中，岭南水乡聚落线型、块型、网型的空间格局特征[2]，并通过聚落"以水相地"的营建秩序观，详细解析了人居择址的自然秩序、空间布局的环境秩序、民俗信仰的文化秩序[3]。张智敏博士全面分析了桑园围水利环境中水乡聚落空间建设、经济发展、社会组织的历史过程和内在规律[4]，并重点探讨了水患压力下聚落空间的形态特征和演变机制[5]。

在长三角地区，圩田水利与聚落空间的关联性研究，是普遍关注的焦点。北京林业大学郭巍副教授通过堤坝陂塘水利系统、圩田土地农业系统、孤丘溇港聚落系统的分层研究，先后梳理了萧绍平原[6]、宁绍平原[7]圩田水利与人居景观的相互关系。南京大学刘兴渝以芜湖江北区域为例，系统分析了圩村聚落的历史演变过程、空间形态特征、区域类型特色和人水适应关系[8]。

在长江中游地区，研究工作主要围绕江汉平原的垸田聚落展开。鲁西

---

[1] 谭刚毅."江"之于江城——近代武汉城市形态演变的一条线索[J]. 城市规划学刊，2009（4）：93-99.

[2] 陆琦，潘莹. 珠江三角洲水乡聚落形态[J]. 南方建筑，2009（6）：61-67.

[3] 陈亚利，陆琦. 珠江三角洲传统水乡聚落营居秩序[J]. 南方建筑，2018（5）：70-74.

[4] 张智敏. 珠江三角洲水乡聚落桑园围研究[D]. 广州：华南理工大学，2016.

[5] 张智敏. 水患压力下的传统岭南水乡聚落形态解析——以珠江三角洲桑园围四村为例[J]. 建筑学报，2017（1）：102-107.

[6] 郭巍，侯晓蕾. 筑塘、围垦和定居——萧绍圩区圩田景观分析[J]. 中国园林，2016，32（7）：41-48.

[7] 郭巍，侯晓蕾. 宁绍平原圩田景观解析[J]. 风景园林，2018，25（9）：21-26.

[8] 刘兴渝. 圩村形态、类型与人水关系初探[D]. 南京：南京大学，2014.

奇教授将江汉平原乡村聚落形态划分为集聚型和散漫型[①]，并重点论述了散村聚落空间形成及演变的地缘水文基础和社会经济根源[②]。华中科技大学的汪民博士对江汉平原水网地区农村聚落的空间演变机理进行了深入研究[③]。方盈博士则在堤垸格局和河湖环境中，借助"自然/社会/文化——聚落"的关联性分析，深入探讨了聚落及民居的形态特征及形成机制，全面反映了堤垸水利与聚落空间的关联性[④]。

在西北地区，绿洲聚落是聚落空间水利适应性研究的主要阵地。西北师范大学王录仓教授以张掖绿洲为例，在人工灌渠系统中探讨了聚落空间与水土资源的耦合性关系[⑤]。西安建筑科技大学岳邦瑞教授团队，长期专注于新疆坎儿井绿洲聚落研究。《绿洲建筑论——地域资源约束下的新疆绿洲聚落营造模式》一书，可谓是其多年研究积累的集大成之作。该书通过水利资源等四种地域资源分析，分别从宏观、中观、微观尺度，梳理总结了绿洲聚落的适应性营建模式。岳邦瑞教授还以吐鲁番麻扎村为例，深入探讨了坎儿井绿洲聚落的水平形态、垂直形态及要素组织形态特征[⑥]。

第二节　水利宗族：社会关系强化与血缘性空间

在传统农耕社会条件下，以血缘为基础的社会关系是形成城乡历史聚

---

① 鲁西奇. 汉宋间长江中游地区的乡村聚落形态及其演变[J]. 历史地理，2008 (1)：128-151.

② 鲁西奇，韩轲轲. 散村的形成及其演变——以江汉平原腹地的乡村聚落形态及其演变为中心[J]. 中国历史地理论丛，2011，26 (4)：77-91，104.

③ 汪民. 江汉平原水网地区农村聚落空间演变机理及其调控策略研究[D]. 武汉：华中科技大学，2016.

④ 方盈. 堤垸格局与河湖环境中的聚落与民居形态研究——以明清至民国时期江汉平原河湖地区为例[D]. 武汉：华中科技大学，2016.

⑤ 王录仓，高静. 基于灌区尺度的聚落与水土资源空间耦合关系研究——以张掖绿洲为例[J]. 自然资源学报，2014，29 (11)：1888-1901.

⑥ 岳邦瑞，王庆庆，侯全华. 人地关系视角下的吐鲁番麻扎村绿洲聚落形态研究[J]. 经济地理，2011，31 (8)：1345-1350.

落空间秩序的内部机制。尤其在乡土聚落中，空间作为一种公共资源，其分配方式（即组织方式）与宗族权力秩序关系相耦合。血缘性社会关系的空间表征，主要体现在两个方面。在聚落空间层面，宗族集聚与房族分异共同构成乡土聚落空间组织，其中宗族空间是象征的、相对的，房族空间是具体的、绝对的，祠堂和堂前分别是两级社会组织的中心。在"金字塔"式的宗族结构中，聚落空间的"中心性"与宗族关系的"层次性"一一对应，形成层层嵌套的血缘性空间结构。而院落空间层面，在儒家文化长幼尊卑伦理秩序的规定下，院落肌理围绕堂前祭祀建筑，按照同房分序、左右格局的原则进行空间组织，最终形成院落肌理与血缘亲疏关系相互映射的居住空间单元。

宗族社会与聚落空间耦合关系的实现，得益于宗族组织对土地、资本、劳动力等生产资料的绝对主导地位。水利社会中水资源与宗族组织的结合，进一步强化了宗族组织对经济基础的掌控能力，加速了宗族自身的发展壮大，从而形成水利宗族。水利宗族理论，是英国人类学家莫里斯·弗里德曼（Maurice Freedman）对中国东南的宗族组织进行研究时[1]首次提出的。他认为，在中国广东、福建等边陲地区，由于国家权力不在场，持有父权意识的中原移民出于垦荒自卫、稻作生产、水利建设的协作需求，自然凝聚成为"同呼吸共命运"的社会单元，于是宗族组织得以迅速发展[2]。在水资源争夺过程中，不同水利宗族既可能产生纠纷也可能形成联合。水利利益相悖的宗族，一旦遇到水资源短缺时节便容易产生矛盾，甚至不惜发生宗族械斗、水案诉讼。外部水利矛盾的激化，对宗族内部社会关系同样具有强化作用，能够提升宗族组织的凝聚力。张俊峰教授曾以水案为线索，分析了国家、地方社会各方力量在乡村水权控制与争夺过程中的互动关系[3]。水利利益一致的宗族，则会出于维护和扩大水利利益的目的形成共同体，共同建设、管理水利工程，一致对外争夺水权。水利共

---

[1] 弗里德曼. 中国东南的宗族组织[M]. 刘晓春，译. 王铭铭，审校. 上海：上海人民出版社，2000.

[2] 管彦波. 理论与流派：社会史视野下的中国水利社会研究[J]. 创新，2016，10（4）：5-12.

[3] 张俊峰. 明清以来晋水流域之水案与乡村社会[J]. 中国社会经济史研究，2003（2）：35-44.

同体理论，是日本学者在研究中国水利史的过程中提出的，主要是指以宗族为载体的社会成员围绕水利工程，共同建设、共同管理、共同受益的水利协作社会组织。其主要观点可以概括为两方面：一是在中国近古时代，水利共同体作为水利协作的社会组织，逐渐取代"编户齐民"的户籍制度，成为王朝国家借以控制乡村社会的工具；二是水利共同体虽然具有自身独立性，但其运营仍然依赖基层聚落和宗族的功能支撑，因而具有村落联合、宗族联合的特性[①]。

简而言之，水利社会中水利与宗族的结合对社会关系具有强化作用，进而通过宗族社会与聚落空间的耦合性间接影响聚落空间形态。一旦水利与宗族分离，宗族组织和聚落空间发展都将面临严重挑战。以山西晋水流域陆堡河武氏宗族为例，明清以来陆堡河水利资源长期为武氏一族所控制，宗族不断发展壮大并在嘉庆十六年（1811年）以祠堂修建为标志完成了宗族组织建设。但1949年后，陆堡河水利权收归政府委派的专门机构管理，武氏宗族遭到前所未有的打击，因而日益衰败[②]。

第三节　水利运输：区域关系建构与业缘性空间

在过去的水运时代，自然河湖与人工河渠共同组成的水运网络是区域关系建构的重要基础。以京杭大运河为代表的水利运输工程，可根据社会经济发展需要有目的、有意识地推动区域关系建构，实现跨区域资源要素流动和区域商贸经济发展。中国经济学家冀朝鼎先生就曾通过古代水利建设发展的历史脉络梳理，探寻封建王朝命运兴衰、经济重心区域转移的历史规律，在水利线索基础上，抽象提炼出了"基本经济区"的核心概念[③]。美国人类学家施坚雅在《中华帝国晚期的城市》一书中，也将中心地理论

---

① 张俊峰．"水利共同体"研究：反思与超越［J］．中国社会科学报，2011（6）：1-3.
② 张俊峰，武丽伟．明以来山西水利社会中的宗族——以晋水流域北大寺武氏宗族为中心［J］．青海民族研究，2015，26（2）：48-54.
③ 冀朝鼎．中国历史上的基本经济区［M］．杭州：浙江人民出版社，2016.

与水运交通相结合，提出了著名的"基层市场体系"理论，揭示了水运与市场空间体系之间的关联性①。在宁波地区市场关系研究中，陆敏珍博士对唐宋时期宁波区域社会经济进行了整体研究，重点分析了唐宋水利事业的发展、水利运输的发达对宁波亚经济区域形成的促进作用②。日本历史学家斯波义信在《宋代江南经济史研究》一书中，深入分析了宋至明清宁波产业分化组织、市镇空间分布与水运网络的紧密联系。他指出，在中心城区"四周腹地通往明州的交通，无疑都利用了呈放射状的发达的河流和运河，它们的终点就是以城东甬东市为主的东、西、南、北城关集市"③；在乡村地区，"郊外集市大都建在靠近从周围的农村通往城市边缘的地方，这里有连接航道可供小船停泊的埠头和渡口"④。乐成耀教授论述了明清时期宁波集市兴衰变迁与水运交通的关联性⑤，根据商品的水运流通范围，将清代宁波商品市场划分为区域内部商品市场、全国商品市场和国际商品市场三个层次⑥。

可以看到，在人流、物流、信息流的集聚过程中，水利运输沿线及水运枢纽节点处往往形成不同等级规模的商业市镇。一方面，这些商业市镇聚落具有独特的业缘性空间分布特征和肌理组织形态。比如，在区域层面，张文华教授在明清时期苏北运河区域城镇地理研究过程中指出，"京杭大运河是运河沿线经济社会发展的启动器和助力机，催发和带动了城市的崛起和繁荣，进而形成沿河城市群带"⑦。在聚落层面，华中科技大学龙元教授以武汉市汉正街为例，深入分析了水运影响下码头商业街区"鱼刺型"肌理的形成机制和空间特征⑧。在建筑层面，赵鹏飞博士在山东运河

---

① 施坚雅. 中华帝国晚期的城市 [M]. 叶光庭，徐目立，王嗣均，等译. 北京：中华书局，2000.
② 陆敏珍. 唐宋时期明州区域社会经济研究 [D]. 杭州：浙江大学，2004.
③ 斯波义信. 宋代江南经济史研究 [M]. 方健，何忠礼，译. 南京：江苏人民出版社，2012：524.
④ 斯波义信. 宋代江南经济史研究 [M]. 方健，何忠礼，译. 南京：江苏人民出版社，2012：534.
⑤ 乐承耀. 明清宁波集市的变迁及其原因 [J]. 浙江学刊，1996（2）：61-67.
⑥ 乐承耀. 清代宁波商品市场研究 [J]. 宁波党校学报，2005（1）：86-92.
⑦ 张文华. 运河漕运与苏北城市群的形成 [J]. 中国名城，2019（1）：90-96.
⑧ 龙元. 汉正街——一个非正规性城市 [J]. 时代建筑，2006（3）：136-141.

传统建筑研究过程中发现，山东运河沿线聚落的生土民居、商业街巷、庭院民居和宅邸园林都直接受到运河文化的影响，具有运河区域的独特风貌和明显的地域特征①。另一方面，商业市镇聚落也表现出鲜明的"因水而兴、因水而衰"演化规律。以清代四大名镇之一的河南朱仙镇为例，作为黄淮流域唯一航道贾鲁河的重要节点，朱仙镇的水运优势独一无二。交通运输便利、客商资本发达是推动朱仙镇兴起的重要原因。同样，伴随贾鲁河的淤塞，交通优势地位丧失、客商资本流失，朱仙镇也随之衰落②。

第四节　水利信仰：历史事件记述与仪式性空间

在何依教授的历史时段理论体系中，城市空间的短时段演化是建立在"事件史"基础上的因果关系③。因事件产生的空间变化，是记述事件过程的历史文本、表征事件影响的形态符号，具有异质性特色。"场所精神"理论同样认为，自然环境和社会环境中的人类活动（即所谓的"事件"），孕育了空间特色④。在城乡历史聚落演化过程中，足以引发空间形态变化的外部介入性事件一般都是天灾人祸。比如，历史上屡屡发生的国家战争、边疆叛乱、地方匪患等，催生了福建土楼、广东碉楼、贵州屯堡、山西军堡等各具特色的应激性防御空间。

与战争相似，水患灾害同样是影响城乡历史聚落演化的重要事件。面对自然力量的势不可挡，古人缺乏必要的客观认知能力和灾害应对手段，不得不转向超自然的神秘力量以寻求神灵庇佑，构建地方水利信仰体系。各地区水利信仰祭祀对象主要有两类：一是"人格神"，即人格化、世俗

---

① 赵鹏飞. 山东运河传统建筑综合研究 [D]. 天津：天津大学，2013.
② 张换敏. 河道变迁与市镇兴衰——以朱仙镇为中心的考察 [J]. 延安职业技术学院学报，2016，30（5）：89-90，97.
③ 何依. 四维城市——城市历史环境研究的理论、方法与实践 [M]. 北京：中国建筑工业出版社，2016.
④ 邓巍. 明清时期山西古村镇形态特色解析 [M]. 武汉：华中科技大学出版社，2019.

化的神，如龙王、水母娘娘等；二是"神格人"，即神格化的人，一般是成功治理水患的地方官吏以及在治水过程中献出生命的民间义士，如修建都江堰的李冰父子、修建它山堰的异姓十兄弟等。在区域层面，水利信仰体系的文化关联作用在城乡历史聚落之间形成祭祀圈。20世纪80年代，台湾社会学家林美容教授曾指出，"祭祀圈是指一个以主祭神为中心，共同举行祭祀的居民所属的地域单位"①。水利祭祀圈不仅仅是一个聚落关联的空间单元，更是一个区域关联的社会组织，是以水利为中心的区域性社会关系体系的具体表现形式。在个体层面，城乡历史聚落中由此也产生了特定的水利庙宇仪式空间和游神赛会仪式活动，用于敬神、娱神。许多专家学者对此开展了深入研究，比如山西大学行龙教授系统分析了晋水流域36个村落水利祭祀活动的文化形态②，张俊峰教授对水母娘娘信仰的形成过程和现实意义进行了深入剖析③，李红武博士探讨了晋水流域民众通过河会仪式表述、传达水利记忆的方式和过程④。孔惟洁老师和何依教授更是从人类学视野出发，详细梳理了宁波市东钱湖陶公山村"菩萨出殿"仪式过程中，迎神、游神、祀神、娱神等祭祀环节的空间语言，揭示了水利信仰仪式空间的构成特征⑤。

---

① 林美容. 由祭祀圈来看草屯镇的地方组织 [J]. 中央研究院民族学研究所集刊，1987，62：53-114.

② 行龙. 晋水流域36村水利祭祀系统个案研究 [J]. 史林，2005 (4)：1-10，123.

③ 张俊峰. 传说、仪式与秩序：山西泉域社会"水母娘娘"信仰解读 [J]. 传统中国研究集刊，2008，5 (3)：386-399.

④ 李红武. 晋水记忆——一个水利社区建设的历史与当下 [M]. 北京：中国社会出版社，2011.

⑤ 孔惟洁，何依. "菩萨出殿"——宁波陶公山村落民间信仰仪式空间研究 [J]. 建筑遗产，2020 (1)：44-55.

第三章 水利环境中区域聚落分布的逐水形态

"逐水而居"是人类聚落择址定居的共同特征，与早期聚落被动适应水文环境不同，水利社会中聚落空间分布形态更多表现人地关系改造过程中"逐水利而居"的主动性。宁波不同地域的水利设施形态、功能特色不一，比如山前区域以水利湖泊为核，中心平原以运河水系为脉，三北地区以海塘堤坝为界。不同的水利环境孕育了特征不一的水利社会和生活生产方式，因而也形成了各不相同的聚落分布形态。本章以东钱湖、大运河（宁波段）、三北海塘三种水利环境为例，按照"水利发展历史分析——社会发展机制分析——分布形态特色分析"的逻辑思路，分别探讨湖域聚落、运河聚落、海塘聚落在区域层面选址分布的"逐水形态"特征。

第一节　湖域聚落的分立形态

历史上的宁波曾至少有 36 个山前海迹湖泊，它们基本都经人工开拓整治，成为容蓄淡水、灌溉田地的水利湖泊。其中规模较大的，是宁波平原四明山前的广德湖、小江湖和天台山前的东钱湖（图 3-1）。由于自然、

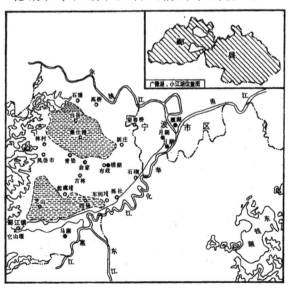

图 3-1　宁波广德湖、小江湖遗址示意图

（图片来源：《鄞县水利志》编纂办公室. 鄞县水利志［M］. 南京：河海大学出版社，1992）

人为因素的影响，广德湖和小江湖早已消失在历史长河中。唯有东钱湖延续至今，依然是鄞东南重要的水利枢纽。今天的东钱湖，南北长约 8.5 千米，东西宽约 6.5 千米，环湖一周约 45 千米，全湖面积在 20 平方千米左右，包括谷子湖、外湖两部分，原梅湖现已淤塞，拓为农田（图 3-2）。

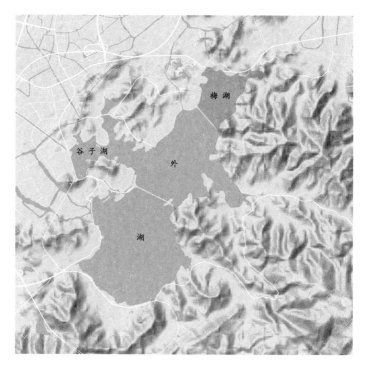

图 3-2　东钱湖现状示意图

（图片来源：笔者绘制）

一、东钱湖水利建设历史过程

1. 水利建设历史沿革

历史上关于东钱湖的最早记载，见于西晋吴县（今苏州）文学家陆云的《答车茂安书》。他向友人描述鄞地风光时说："西有大湖，广纵千顷……遏长川以为陂，燔茂草以为田，火耕水种，不烦人力。决泄任意，高下在心。"所谓"西有大湖"，即当时鄞县治以西的东钱湖[①]。后直至唐

---

① 仇国华. 新编东钱湖志［M］. 宁波：宁波出版社，2014.

代，东钱湖才第一次得到人工修浚成为水利湖泊。自此之后，历任府县官吏、地方士绅、乡民百姓，无不珍而视之，水利建设历时近1300年持续不断（表3-1）。据李暾《修东钱湖议》记载，东钱湖蓄水量达三河半，一旦遇旱开闸放水，一湖之水可注满"三县七乡"所有塘河三次有余。东钱湖灌区农田得以旱涝保收，岁岁丰登，以致地方上流传着"田要东乡，儿要亲生"的俗语。

表 3-1 东钱湖修浚历史沿革表

时间	修浚措施
唐天宝三年（744年）	鄮县令陆南金相度地势，修筑堤塘，开而广之
后梁开平三年（909年）	武肃王命郡县令修筑堰坝，开广东钱湖
北宋天禧元年（1017年）	郡守李夷庚重修湖塘，开拓增广，浚东钱湖
北宋庆历七年（1047年）	鄞县令王安石重清东钱湖界，起堤堰、决陂塘、疏浚水道
北宋嘉祐年间（1056—1063年）	置莫枝、大堰等四碶，立水平石于左右作为放水标准
北宋治平元年（1064年）	主簿吕献之重修方家塘、高湫塘等六堤
南宋淳熙四年（1177年）	知县姚柟及宋孝宗皇子赵恺，清葑除淤21200亩
南宋嘉定七年（1214年）	提刑程覃置田收谷，开设湖局，鼓励农民农闲时采葑酬谷
南宋宝庆二年（1226年）	知府胡榘领军民清葑除淤历时一载，并招募渔民长期除葑
南宋淳祐二年（1242年）	郡守陈恺实行买葑之策，鼓励农民农闲时捞草交卖
元大德年间（1297—1307年）	势家以湖身淤浅请求围田，都水营田分司追断而复为湖
明正德、嘉靖年间（1506—1566年）	知府寇天叙、县令黄仁山拒绝宁波卫屯军奏请废湖为田以增军费之议，知府柯相悉心水利，浚东钱湖，挑葑去浅
明万历四十四年（1616年）	鄞县令沈犹龙严禁地方缙绅私征葑税，鼓励农民采葑作肥
明天启二年（1622年）	鄞县令张伯鲸浚双湖，又增东钱湖碶板二尺以防洪
清道光二十五至二十八年（1845—1848年）	巡道麟桂、守杨钜源、属守徐敬、里人钱启皑等筹资，维修加固被风雨损毁的东钱湖各塘、堰
清末至中华民国（1892—1913年）	乡人张祖衔及弟子忻锦崖为筹款浚湖，奔走呼号二十余年，至1913年，镇海富商陈协中捐巨资，设湖工局，疏浚全湖

续表

时间	修浚措施
1949年至今	地方政府多次组织修浚东钱湖，投入巨资除淤，新建铜盆大闸、湖心塘、山间水库等水利设施

参考资料：鄞县地方志编纂委员会．鄞县志［M］．北京：中华书局，1996；《鄞县水利志》编纂办公室．鄞县水利志［M］．南京：河海大学出版社，1992；仇国华．新编东钱湖志［M］．宁波：宁波出版社，2014.

2. 湖域社会水利协作

由于共同水利利益的纽带作用，东钱湖灌区[①]乡民围绕水利建设、管理、受益，形成以东钱湖为中心的湖域型水利社会。社会关系以水利协作为主，具体表现在"责-权"关系的一致性和水利自治组织的建立两方面。

"责-权"关系一致，即指东钱湖灌区享有用水权的乡民，必须根据自身田亩大小、用水多少，分摊水利建设的资金、人力耗费，确定"地、夫、费、水"相统一的法理关系。在不同的历史阶段，"责-权"关系的建立有"均包湖米"[②]"按亩出役""集资筹款"等不同形式。比如，唐天宝三年（744年），东钱湖首次开广之时，废田达121213亩（约合今30303市亩），县令陆南金将所废湖田的税粮均摊至灌区受益田亩，每亩加米0.376升[③]，称之为"均包湖米"。南宋姚栐、胡榘修浚东钱湖时，要求灌区百姓按照受益田亩出人夫、工具，共同参与治湖，这就是"按亩出役"。清末民国初年，东钱湖张祖衔、忻锦崖等地方缙绅发动修浚东钱湖时，则拟定了详细的"集资筹款"计划：凡水利沾及各田，除坍丁绝户外，无论绅民僧产，每亩拟捐钱二百文，闻有押田向收花者收捐，以1893年一年

[①] 东钱湖灌区范围有"三县七乡"和"三县八乡"两种说法，涵盖旧时鄞县的鄞塘、丰乐、手界、翔凤、阳堂、老界乡，奉化的金溪乡，镇海的崇邱乡，大致相当于今天宁波行政区划的东钱湖镇，鄞州区横溪、中河、首南、钟公庙、潘火、下应、云龙、姜山、五乡、东吴、邱隘等乡镇街道，江东区、高新技术区（梅墟）、北仑区小港镇以及奉化西坞街道等地区，溉田面积约36.9万亩。

[②] 钱杭．"均包湖米"：湘湖水利共同体的制度基础［J］．浙江社会科学，2004（6）：163-169.

[③] 《鄞县水利志》编纂办公室．鄞县水利志［M］．南京：河海大学出版社，1992.

为限；善举及祀会拟照民田起捐一年；拟再劝城乡殷实之家，量力佽助①。这一"责-权"关系下，东钱湖各碶堰出水分流的灌溉范围、灌溉水量，均有明确规定，并登记造册。如《新编东钱湖志》中记载："从高湫、平水而下者，专灌奉化、横溪一带；从大堰、莫枝而下者，专灌十七、十八、二十都、陶江、云龙一带；从钱堰而下者，专灌一、二、三、四、五都一带；从梅湖而下者，专灌六、七都及镇海崇邱乡一带。"②

水利自治组织是负责水利工程建设、日常维护的共同管理社会机构。早期东钱湖水利的共同管理，主要由官府主导。比如，宝庆二年（1226年），知府胡榘用工程余钱28347缗置田，每年收谷3000石，组织环湖渔民500户日常除葑，将其分为四隅，每隅设隅长1人，队长5人，每户每年给谷6石③。近代国力衰微之后，地方社会力量在水利事务中的作用越来越重要。尤其在1909年和1910年，清政府《城镇乡地方自治章程》和《府厅州县地方自治章程》的颁布，从法理上赋权民间社会力量，大大推动了东钱湖水利自治组织的诞生。1911年，东钱湖灌区的鄞、奉、镇三县，照会城乡自治公所，召集城乡议长、乡董，共同召开水利联合会，决定于东钱湖青山寺成立湖工局，筹议浚湖相关事宜④（表3-2）。自此之后，以乡绅、乡董为代表的地方民众，开始全面参与东钱湖水利工程建设和日常维护的共同管理。

表 3-2　东钱湖地方水利组织简表

名称	成立日期	主持人	记事
东钱湖水利工程局	1913 年	—	陈协中捐资协助，三县浚湖联合会改组形成
东钱湖塘工委员会	1944 年 5 月	俞济民	由商绅为主力及拟规划，被政府改组
东钱湖整理委员会	1945 年 5 月	周大烈	由塘工委改组，专属主管，鄞、奉、镇三县参与，制定组织大纲，议而未果

---

① 仇国华. 新编东钱湖志 [M]. 宁波：宁波出版社，2014.
② 仇国华. 新编东钱湖志 [M]. 宁波：宁波出版社，2014.
③ 《鄞县水利志》编纂办公室. 鄞县水利志 [M]. 南京：河海大学出版社，1992.
④ 宗发旺. 水利与地域社会——东钱湖水利治理研究 [D]. 宁波：宁波大学，2011.

续表

名称	成立日期	主持人	记事
整顿东钱湖协赞会	1946年6月	魏伯祯	由宁波旅沪同乡会发起，负责沪上募捐
东钱湖水利参审会	1947年1月	陈如馨	—

参考资料：鄞县地方志编纂委员会. 鄞县志 [M]. 北京：中华书局，1996.

二、东钱湖汇水—溢流二分格局

山前区域衔接山、原的海迹湖泊，地形高差变化明显，如天台山西麓的东钱湖，整体地势东南高、西北低（图3-3）。唐代陆南金首次修浚时，正是在湖西的山间缺口筑堰成塘，方才开而广之。受地形影响，湖泊水利自然形成"山缘汇水、平原溢流"的二分格局。

图 3-3 东钱湖"汇水-溢流"地形示意图

（图片来源：笔者绘制）

1. 东钱湖汇水溪流水库

过去，东钱湖汇水主要来自东面、南面天台山中的众多山谷溪流。南宋《乾道四明图经》中有记载："东钱湖容受七十二溪，方圆广阔八百顷。"近现代以来，天台山中溪流上游陆续建成山间水库，以稳定控制汇水水量，从而形成"溪流—水库"相结合的汇水体系（表3-3，图3-4）。

表 3-3 东钱湖汇水"溪流-水库"统计表

入湖汇水主溪	分支溪流	上游蓄水水库
下水溪	洋山溪、大嵩岭溪、屋后溪、自在庵溪、门坑溪、穆公岭溪、张夹岙溪、中峰溪、中庵溪、盛夹岙溪、新岭溪、市岙溪、十坑九弄溪	绿野水库、张夹岙水库、盛夹岙水库、洋山水库
南岙溪	李坪坑溪、烂水坑溪、中央坑溪、长坑溪、求坑溪、长龙岗溪、西坑溪、里家史溪、外家史溪、王庵小溪	南岙水库
大慈溪	太清宫溪、磨岭溪、大慈寺溪、慈云岭溪、相亭溪、果桶塔溪、宝华寺溪、拜祭岭北溪、上庄溪、架下溪	未名水库
上水溪	龙潭溪、安乐山溪、东道岭溪、慈云岭溪、辩利寺东溪、辩利寺西溪、龙山溪	龙潭水库
韩岭溪	前溪——泗水岭溪、云南山溪、塔沙岙溪，后溪——庙沟后山溪、狮子岩山溪	茅岭墩水库
屯岙溪	里高头岭溪、广度庵溪、甘坑溪	—
其他入湖小溪	拜祭岭南溪、纪家庄溪、鹅头山溪、柴场溪、笔架山溪、三夹溪、椅子岙溪、钱堰头溪、尊教寺溪、青山溪、池塘溪、范岙溪、马山溪、黄菊溪、沙家山溪、泉月溪、郭屿溪、觉济寺溪、萧峡溪、余峡溪、羊角溪、镜中溪、西山溪、茶亭溪、郭潼溪、陶公山溪、隐学山溪、史家湾溪、上乘庵溪	寨基水库

参考资料：仇国华. 新编东钱湖志 [M]. 宁波：宁波出版社，2014.

2. 东钱湖溢流塘堰碶闸

东钱湖的西岸、北岸与平原相接，集中分布了历代建设的"11 塘 7 堰 6 碶"（表 3-4，图 3-4）水利设施。对内可截流蓄水，过顶可溢流泄洪，对外可阻截咸潮。其中，高湫堰、大堰之水溢流进入前塘河，平水堰、莫枝堰下注之水经中塘河直通宁波府城，钱堰溢流之水入后塘河，梅湖堰之水分注小浃江与后塘河，栗木堰之水则北入小浃江。这些水利设施使东钱湖与平原河网互联互通，形成"塘堰—河渠"相结合的溢流体系。

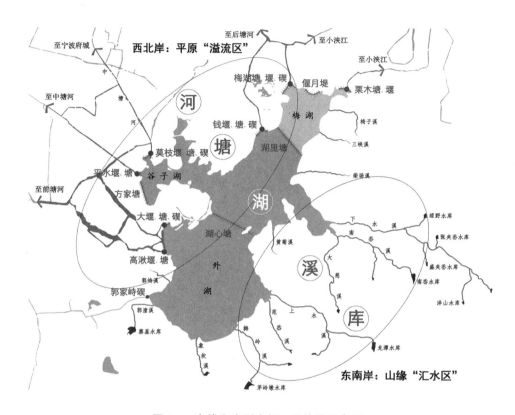

图 3-4　东钱湖水利空间二元格局示意图

(图片来源：笔者绘制)

所以，东钱湖在整体上形成以湖面为核心，东南"库-溪"汇水、西北"塘-河"溢流的水利空间二元格局。

表 3-4　东钱湖塘堰碶闸水利设施统计表

湖塘水利设施			
塘名	地点	长度/m	功能
高湫塘	大堰新碶至高湫堰	819	堵蓄湖水，1959 年塘顶通公路
大堰塘	大堰头	27	堵蓄湖水
方家塘	国戚寺至湖塘下	893	堵蓄湖水，1959 年塘顶通公路
平水堰塘	莫枝村	13	堵蓄湖水
莫枝堰塘	莫枝村	103	堵蓄湖水
钱堰塘	钱堰村	25	堵蓄湖水

续表

湖塘水利设施			
塘名	地点	长度/m	功能
梅湖塘	堰头山至高湫山脚	516	堵蓄湖水，1961年梅湖废后，改作公路
偃月堤	捣白湾		堵蓄湖水，1961年梅湖废后，今已废
栗木塘	东吴栗树塘村	154	堵蓄湖水，1961年梅湖废后，改作公路
湖里塘	下虹桥至上虹桥	1165	原为疏浚湖泊，梅湖废后，用于堵蓄湖水
湖心塘	大公至沙家山	1700	疏浚湖泊，同时也是东钱湖风景区湖心步道

堰坝水利设施				
堰名	地点	长度/m	连接塘河	功能
高湫堰	高湫塘南	11	前塘河	堵蓄湖水，溢流过船，20世纪80年代中船坝废
大堰	大堰头	12	前塘河	堵蓄湖水，溢流泄洪
平水堰	莫枝村	15	中塘河	堵蓄湖水，溢流过船，20世纪60年代中船坝废
莫枝堰	莫枝村	20	中塘河	堵蓄湖水，溢流过船，通往宁波府城
钱堰	钱堰村	10	后塘河	堵蓄湖水，溢流泄洪
梅湖堰	青山村	12	后塘河、小浃江	堵蓄湖水，溢流泄洪，梅湖废后，今已废
栗木堰	栗树塘村	5	小浃江	堵蓄湖水，溢流泄洪，梅湖废后，今已废

续表

碶闸水利设施				
碶名	地点	孔数	孔径/m	闸门结构和功能
郭家峙碶	郭家峙村	1	6.0	木质平板，调控湖水
大堰碶	大堰头	1	2.2	玻璃钢平板，调控湖水
大堰新碶	大堰头	1	2.9	木质平板，调控湖水
莫枝碶	莫枝村	2	2.9	木质平板，调控湖水
钱堰碶	钱堰头	2	2.9	木质平板，调控湖水
梅湖碶	青山村	2	3.2	木质平板，梅湖废后失去调节湖水功能

资料来源：鄞县地方志编纂委员会. 鄞县志［M］. 北京：中华书局，1996.

三、东钱湖村镇聚落分立形态

东钱湖良好的人居环境条件，孕育了一批滨湖村镇聚落。它们如众星捧月般，散布于环湖的山川沃野间。由于湖域汇水、溢流水利空间二元格局的影响，村镇聚落的生产方式、分布形态也呈现出汇水区、溢流区分立的空间特征。

1. 选址水口分立

虽然东钱湖湖面广袤、水量丰富，但长达数十千米的湖岸线中也仅有汇水、溢流的水口处便于取用水源，适宜聚落生存发展。在东南岸的汇水区中，村镇聚落多选址于自然溪流融汇、入湖的水口；在西北岸的溢流区中，村镇聚落则多分布于人工堰坝截流、出湖的水口。因而在空间上，村镇聚落分布形态呈现出"东南岸逐溪流水口、西北岸逐堰坝水口"的分立特征（图3-5）。这一分立特征也反映在聚落名称上，在东南岸汇水区，聚落往往与关联溪流同名，如下水村与下水溪；在西北岸溢流区，聚落则常常与关联水利同名，如莫枝村与莫枝堰（表3-5）。

第三章　水利环境中区域聚落分布的逐水形态 | 57

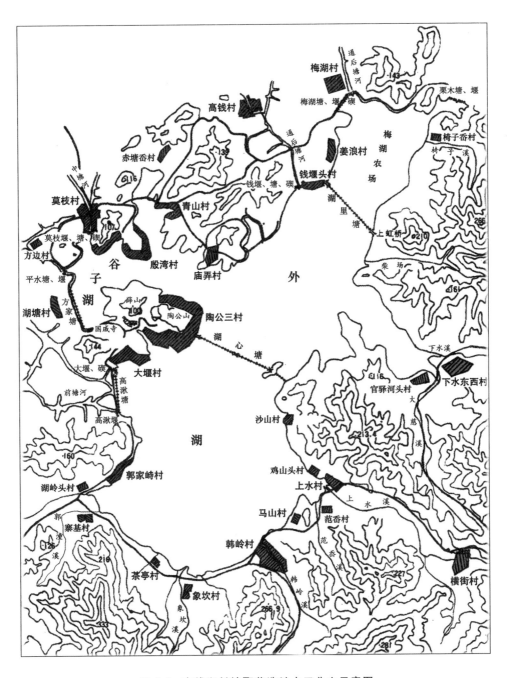

图 3-5　东钱湖村镇聚落选址水口分立示意图

（图片来源：笔者改绘，底图来自《鄞县志》）

表 3-5　东钱湖"汇水区-溢流区"聚落名称分立特征统计表

西北岸溢流区:"聚落-水利"同名		东南岸汇水区:"聚落-溪流"同名	
聚落名称	依傍水利名称	聚落名称	依傍溪流名称
梅湖村	梅湖塘、堰、碶	茶亭村	茶亭溪:经茶亭村向北入湖
钱堰头村	钱堰、塘、碶	象坎村	象坎溪:经象坎村溪桥入湖
莫枝村	莫枝堰、塘、碶	韩岭村	韩岭溪:经韩岭村下鉴湖桥入湖
大堰村	大堰、碶	范岙村	范岙溪:经范岙村居前入湖
高湫堰村	高湫堰、塘	马山村	马山溪:经马山村前入湖
		上水村	上水溪:经上水村万安桥入湖
		下水村	下水溪:于下水村溪桥入湖
		椅子岙村	椅子岙溪:经椅子岙村居前入湖
		洋山村	洋山溪:经洋山村前汇入下水溪

资料来源:《鄞县水利志》编纂办公室. 鄞县水利志 [M]. 南京:河海大学出版社, 1992.

2. 功能形态分立

东钱湖汇水区、溢流区选址水口不同的山水环境特征,也导致其孕育的村镇聚落在主要生产功能、平面空间形态方面存在差异。

在东南岸汇水区,伴随自然溪流两岸的是深山长谷的千里沃野。比如,下水溪流域有纪家庄岙、屯岙、市岙、新岭岙、中庵岙、绿野岙、盛夹岙,南岙溪流域有南岙,大慈溪流域有大慈岙、西岙、外岙。这些山岙彼此连绵,为水口聚落发展提供万顷良田,有着"十里四香"的美誉。因此,下水村、上水村、范岙村、韩岭村、象坎村等汇水区聚落,多以农业耕作为生,在山岙之中离岸团块发展。在西北岸溢流区,塘堰碶闸水利设施均修建于山间狭隘之处,用地局促。钱堰头村、殷湾村、莫枝村、陶公村、大堰村等溢流区聚落,不得不靠湖吃湖,以渔业捕捞为生,在山缘滨水区域沿湖条带发展。所以,东钱湖村镇聚落在功能形态上,也呈现出汇水区"团块农村"与溢流区"条带渔村"分立的特征(图 3-6,表 3-6)。

第三章 水利环境中区域聚落分布的逐水形态 | 59

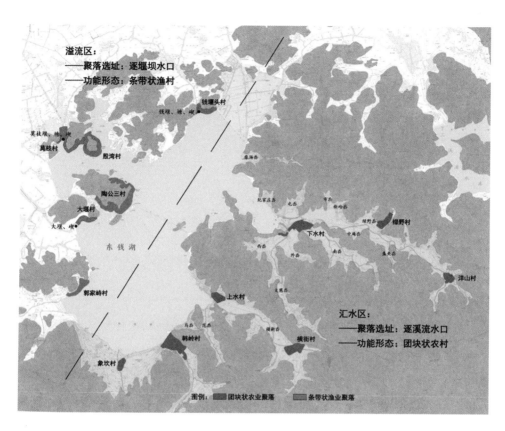

图 3-6 东钱湖村镇聚落功能形态分立示意图

（图片来源：笔者绘制）

表 3-6 东钱湖村镇聚落功能形态分立特征示意表

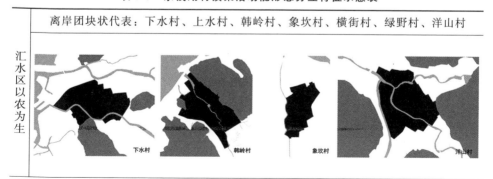

续表

溢流区以渔为生	滨水条带状代表：殷湾村、莫枝村、大堰村、陶公三村①、钱堰头村、郭家峙村
	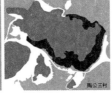  

表格来源：笔者绘制。

第二节 运河聚落的网络形态

海侵影响下的宁波地区，历来十分依赖和重视水运交通，《越绝书》中就有"水行而山处，以船为车，以楫为马"②的记载。在水运发展过程中，运河水利应运而生，比如西起杭州、中经绍兴、东至宁波的浙东运河，就是中国最早的人工运河之一③。宁波地区在宋代干流水利治理之后，也形成了"三江六塘河"的运河网络，并成为大运河通往东海的衔接段。作为过去区域内外联系的主要交通廊道，运河的作用如同现代的公路、铁路，对城乡历史聚落分布产生了重要影响。

一、运河水利发展时空脉络

1. 大运河宁波段

大运河宁波段虽早在东晋时就已通舟楫，但人工运河修浚主要集中在宋代。因为在宋以前，钱塘江入海航道基本畅通；宋以后，杭州湾南岸泥沙淤涨，沙滩水情变化不定，航船不得不转而取道明州内河。北宋燕肃在

---

① 陶公岛上有建设村、陶公村、利民村三个行政村，合称陶公三村。
② 陈桥驿．越族的发展与流散［J］．东南文化，1989（6）：89-96，130.
③ 邱志荣，陈鹏儿．浙东运河史［M］．北京：中国文史出版社，2014.

《海潮论》中就记载说:"故海商船舶怖于上滩,惟泛余姚小江,易舟而浮运河,达于杭、越矣。"并且,南宋迁都临安后,杭甬水道上升为国家级主航道,其政治、经济、文化、军事意义不可同日而语,因而得到全面疏通。南宋嘉泰元年(1201年),从上虞经通明坝至余姚的四十里河航道修筑完成,与北侧同时期修筑的虞甬运河形成南北复线。南宋淳祐六年(1246年),制守颜颐仲会同鄞、定、慈三县之力,共同疏浚开拓慈江、中大河,使之成为余姚至镇海的支线航道。南宋宝祐五年(1257年),制置使吴潜开凿管山江,修建化子闸、小西坝,进一步疏通慈江、中大河水道,并新辟慈城至宁波的刹子港航道[①](图3-7)。

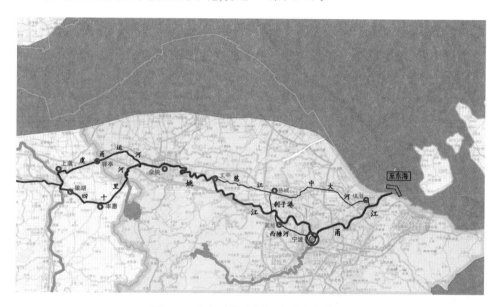

图 3-7 南宋时期大运河宁波段示意图
(图片来源:中国城市规划设计研究院编制的《大运河(宁波段)遗产保护规划》)

修建完善的大运河宁波段,自上虞分南北两线入余姚境,经余姚城区至丈亭三江口后,分为主、次两支。主航道往东南,顺姚江至三江口,经甬江东流入海。支线航道往东,经慈江至慈城南夹田桥时再分两路,一路继续往东,经化子闸连中大河,在白龙洋入前大河,东至镇海涨鉴闸;另一路自夹田桥转而南下进入刹子港,经小西坝摆渡至姚江南岸大西坝,过

---

① 邱志荣,陈鹏儿. 浙东运河史[M]. 北京:中国文史出版社,2014.

高桥镇后进入西塘河直达宁波城西望京门[①]（图 3-7）。主航道由于潮汐影响，水位较低时需"候潮"才能通行，既不方便也不安全。支线航道作为"避潮"水道，具备全天候通行能力，成为宋以后舟船往来余姚、慈溪、鄞县、镇海之间的主要航线。正如《延祐四明志》所载："乘潮多风险，故舟行每由小江。"

自两宋至近代，大运河宁波段始终发挥着区域交通动脉的重要作用。上千年的发展完善，使其沿线集中了大量历代建设的水利设施（图 3-8，表 3-7）。其中，既有用于蓄淡阻咸、防洪排涝的水利工程设施，如化子闸、姚江大闸，也有服务于商旅往来、船舶通行的水运交通设施，比如慈江曾有渡口 12 处，姚江渡口最多时达 50 处。这些设施与运河水道相辅相成，是一个不可分割的整体。

图 3-8　大运河宁波段水利工程分布示意图

（图片来源：笔者改绘，底图来自中国城市规划设计研究院编制的《大运河（宁波段）遗产保护规划》）

[①] 邱志荣，陈鹏儿. 浙东运河史［M］. 北京：中国文史出版社，2014.

表 3-7 大运河宁波段历代水利设施不完全统计表

水利工程设施	虞甬运河余姚段	西横河闸、斗门车坝、屡丰闸、五夫船闸
	十八里河余姚段	云楼下坝、余上团结闸、安家渡闸群
	姚江河段	蜀山大闸、浦口闸、周家湾翻水站、河姆渡翻水站、乍山翻水站、半浦翻水站、小西坝、大西坝、梁祝公园翻水站、裘市浦闸、姚江大闸、姚江船闸、李碶渡翻水站、压塞堰
	慈江河段	慈江大闸、白米湾大闸、化子闸
	甬江河段	印洪闸、孔浦大闸、杨木闸、鄞东南排涝闸、涌新闸、高产闸、清水浦闸、王家洋闸、涨鉴碶闸
水运交通设施	虞甬运河余姚段	牟山湖纤道
	姚江河段	安家渡、下陈渡、邵家渡、竹山渡、陆家渡、旱门头渡、施家渡（迎龙渡）、仓前渡（还金渡）、邹家渡、西石山渡、兰墅桥渡、哑儿渡、霍家渡（七里浦渡）、方家渡、徐家渡、吴家渡、罗家渡、菁江渡、史家渡、夏巷渡、郭家渡、三十里牌渡、沈家渡、蜀山渡、姜家渡、赭山渡、洪陈渡、城山渡、网滩渡、河姆渡（黄墓渡）、栋木渡（沈家渡）、车厩渡、东江沿、太平渡、丈亭南渡（郑家渡）、郭姆渡（郭墓渡）、虞公渡（吴翁渡）、李碶渡、青林渡、（杨徐）新渡（步安渡）、石子道头（严家渡/任家渡）、邵家渡、西洪渡（西渡/鄞西渡）、大西坝渡（西坝/西江渡/蓝公渡）、半浦渡（鹳浦渡）、桃花渡（东渡）、盐仓门渡（和义渡）、永丰渡（浮石亭）、觉渡（清河渡）、湾头渡，共计50处渡口
	慈江河段	下桂湖渡、徐家渡、太平渡、新渡、方家渡（芳江渡）、罗家渡（罗江渡）、张家渡、俞家渡、祝家渡、顾家渡、西渡、丈亭渡，共计12处渡口
	甬江河段	老外滩、甬江北、江甬、兴发、镇海等码头区

表格来源：笔者绘制。

参考资料：中国城市规划设计研究院编制的《大运河（宁波段）遗产保护规划》《宝庆四明志》《嘉泰会稽志》《延祐四明志》《鄞县志》等地方志书。

2. 六塘河

与大运河宁波段的区域性作用相比，同样在宋代修建完善的六塘河，是宁波平原内部城、乡之间的主要联系纽带。以三江口府城为中心，鄞西的南塘河、中塘河、西塘河与鄞东南的前塘河、中塘河、后塘河，几乎覆盖过去鄞县东西十四乡的所有区域（图 3-8）。直到 20 世纪 80 年代，六塘河中依然有固定客轮往来穿梭。宁波平原上的大部分水利设施也都集中在六塘河沿线（表 3-8）。

表 3-8　宁波六塘河相关信息统计表

南塘河	修筑时间	唐太和七年（833 年）
	河道空间	上接樟溪，自它山堰引河口至鄞江镇洪水湾，出洞桥，经横涨桥，注栎社，历石碶、段塘等乡镇后，自南水门进入宁波府城，全长 24.5 千米
	水利设施	它山堰、乌金碶、积渎碶、行春碶、风棚碶、回沙闸、官塘、洪水湾塘、狗颈塘、横涨堰、小涨堰、郑郎坝、杨木坝、小堰头坝、水菱池碶、段塘三孔闸
	水运航线	鄞西 8 号航道，自鄞江客运码头至宁波共青桥南站码头，沿途设定山桥、下李家、洞桥、沙港口、王家桥、上水碶、横涨、北渡、栎社、新桥、石碶、段塘、三市 13 个停靠埠头
鄞西中塘河	修筑时间	北宋政和年间（1111—1118 年），为填广德湖时所开之河
	河道空间	源出大雷山，西接梅梁桥河及庄家溪之水，注入林村大溪，自横街镇起，经集士港、卖面桥、望春桥与西塘河相接，长 12 千米
	水利设施	庄家溪塘
	水运航线	鄞西 4 号航道，自横街镇至鄞西桥西郊码头，沿途设洋观音桥、集士港、祝家桥、卖面桥、白龙王庙、望春、西成 7 个停靠埠头
西塘河	修筑时间	北宋政和年间（1111—1118 年），为填广德湖所开之河
	河道空间	始于石塘，上接上游河，源出大隐，经岐阳、高桥、望春与中塘河汇流后入宁波望京门，全长 13.18 千米
	水利设施	大西坝、楼家坝、周家浦碶、西渡堰
	水运航线	鄞西 1 号航道，自桑家河头至鄞西桥西郊码头，沿途设岐阳、石塘、马浦、高桥、半路庵、望春桥 6 个停靠埠头

续表

前塘河	修筑时间	北宋嘉祐年间（1056—1063 年）
	河道空间	源出白岩山九曲岭，汇道陈岭、乾坑、画梁三路水于横溪，自横溪河头起，经孔家潭、王夹岙、云龙、胡墅桥、姜村、三桥、大河沿庄、泗港、缪家桥、白鸭桥至大石碶桥，长 18.5 千米
	水利设施	四眼碶、庙堰、道士堰、云龙碶、横溪溪塘
	水运航线	鄞东 33 号航道，自横溪镇至四眼碶码头，沿途设河头、孔家潭、太平桥、枫林、云龙、姜村、三桥、缪架桥等停靠埠头
鄞东中塘河	修筑时间	北宋嘉祐年间（1056—1063 年）
	河道空间	受东钱湖莫枝堰下注之水，自莫枝经沙家垫、五港、鹅劲汇、中埠漕、泗港、潘火桥至横石桥与前塘河汇流，通至江东新河头，长 9 千米
	水利设施	莫枝堰、四眼碶、云龙碶、大石碶
	水运航线	鄞东 27 号航道，自莫枝码头至四眼碶码头，沿途设沙家垫、杨树桥、鹅劲汇、泗港、潘火等停靠埠头
后塘河	修筑时间	北宋嘉祐年间（1056—1063 年）
	河道空间	源出太白山，上游分两支，一支自东吴始，一支来自宝幢，两支于五乡镇合流后，经盛垫桥、福明桥、七里垫、西洞桥、下茅塘、张斌桥至大河头，长 18.5 千米
	水利设施	杨柳道头闸、江东碶、五乡东西二碶
	水运航线	鄞东三（5）号航道，自宝幢至江东下茅塘，沿途设五乡、贸山桥、天童庄、新莘桥、盛垫、福明、镇东桥 7 个停靠埠头

表格来源：笔者绘制。
参考资料：《鄞县水利志》编纂办公室. 鄞县水利志［M］. 南京：河南大学出版社，1992.

二、运河商市体系组织秩序

便利的水运交通，能促进地区之间人力、物资、信息的高效交换，是古代商品贸易发展的重要动力。因此，宁波地区很早便出现商贸互市的地方风气[①]。《隋志》记载说，宁波"川泽衍沃，风俗澄清，海陆珍异，所聚

---

① 宁波早期聚落"鄞"，就得名于与外越人进行物物交换的贸易。

蕃庶，商贾并凑"①。及至宋代，宁波商品经济发展达到鼎盛，不仅出现了"空间分化的市场结构"，而且形成了"产业分化的规模效应"。

1. 空间分化的市场结构

商品交易对成本极为敏感，因此市场空间范围大小，与水运交通辐射能力密切相关。宁波地区，分别以大运河宁波段和六塘河为基础，形成了"区域市场"和"基层市场"两个空间层次。

"区域市场"与"明州港"水运枢纽地位相匹配，市场范围覆盖国内、国外众多地区。对内，宁波商品可经大运河销往苏杭、河洛、京津、长江沿线等中国大部分城市。对外，宁波航船可由海上丝绸之路的三条航线与国际市场关联：一是北上至朝鲜半岛，二是东行至日本，三是南下至东南亚、南亚、中东②。在这之中，宁波作为大运河入海口，河运与海运的中转枢纽，始终是进出口贸易的窗口。所以，自唐代以来，宁波一直是中国历朝历代重要的东南港埠。宋、元、明三代的市舶司，以及清代的浙海关，均设于此。

"基层市场"与"宁波府城"行政中心地位相匹配，市场范围几乎涵盖宁波平原、四明山、天台山的全部。以三江口府城为中心，六塘河水道与山间古道衔接，构成基层市场的空间纽带（图3-9）。其中，西部四明山山货和鄞西平原农产品，可分别经"西塘路—西塘河""中塘路—中塘河""南塘路—南塘河"三条路线，运抵宁波府城西门街市、南门街市；南部奉化的舢板和木筏，可通过"剡江、东江—奉化江"水道，直抵东门外码头，或由奉化江转入南塘河后，行至南门街市；鄞东南方向，象山港两岸海货、天台山山货及农产品，则可由"前塘路—前塘河""中塘路—中塘河""东塘路—后塘河"三条路径运抵江东街市③。基层市场的建立，使宁波城乡不只是行政上"治所—经野"的一体关系，还是经济上"生产—销售"的一体关系。

---

① 张实龙.甬商、徽商、晋商文化比较研究[M].杭州：浙江大学出版社，2009.
② 邱志荣，陈鹏儿.浙东运河史[M].北京：中国文史出版社，2014.
③ 施坚雅.中华帝国晚期的城市[M].叶光庭，徐自立，王嗣均，等译.北京：中华书局，2000：506.

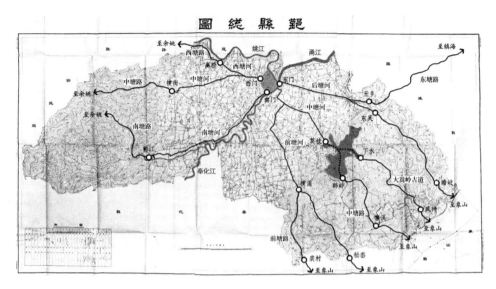

图 3-9　宁波基层市场组织示意图

(图片来源：笔者绘制，底图由宁波市规划局提供)

在空间分化的市场结构中，宁波作为水运体系的核心枢纽，一方面向下收购原材料，向上集聚；另一方面向上采购加工商品，向下扩散，实现了区域市场与基层市场之间的上下互通，分化而不分离。

2. 产业分化的规模效应

商品经济发展过程中，区域市场的庞大容量，使宁波在各地资源禀赋基础上的集中发展成为可能，并最终形成产业分化的规模效应。

唐宋两代，宁波制瓷、纺织、制茶、酿酒、造船等手工业，均已形成专业化的生产区域和生产规模。以越窑青瓷为例，唐代青瓷作坊集中分布于慈溪翠屏山北麓的上林湖、白洋湖、杜湖，以及东钱湖一带。晚唐时，仅上林湖四周窑址就已达 125 处之多（图 3-10），加上白洋湖、里杜湖、古银锭湖，共有 200 余处[1]。这些窑场的青瓷制品通过运瓷专线——东横河、快船江，可直抵明州港（图 3-8），远销至亚非 17 个国家[2]。除此之外，农副产品加工也已形成初具规模的产业分化。比如，鄞西黄古林多灯芯草、蒲草，所制的草席被誉为明州特产"明席"，成为"民以织席为业，

---

[1] 林士民. 三江变迁——宁波城市发展史话 [M]. 宁波：宁波出版社，2002.
[2] 邱志荣，陈鹏儿. 浙东运河史 [M]. 北京：中国文史出版社，2014.

计其所赢，优于农产"的农村手工业；鄞西章水一带盛产止咳良药贝母，被誉为中国浙贝之乡；奉化山区多竹林，加工制成的熏篝、焙笼，远销各地；象山、昌国的海产品，通过鲞、腊、鳔等加工形式，销往以杭州为主的江、浙、淮市场和荆襄地区①。

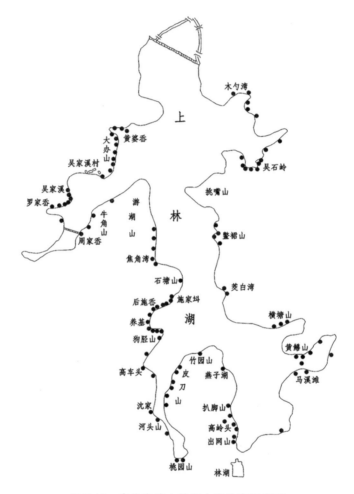

图 3-10　唐代宁波上林湖古窑分布示意图

(图片来源：林士民. 三江变迁：宁波城市发展史话 [M]. 宁波：宁波出版社，2002)

产业分化的规模效应，也催生出了相应的专业化市场。宁波府城外三江口沿岸的江厦街码头区，就是专门服务于海洋贸易的外贸市场；府城内月湖东岸平桥头一带形成固定的竹行，捧化桥一带有花行、饭行，药行街

---

① 林士民. 三江变迁——宁波城市发展史话 [M]. 宁波：宁波出版社，2002.

的地名更是沿用至今；而郊区的林村等地，也形成了专为酿造业收购粮食的米市。

三、运河市镇聚落网络形态

在以"三江六塘河"为基础的流域型水利社会中，商品经济发展是其不同于其他类型水利社会的主要特征。在商品运输过程中，水运枢纽处由于人流、物流的汇聚，自然发展为市镇聚落，成为运河商市体系中的经济中心地。因此，市镇聚落的分布形态和等级规模，必然与运河网络的水系组织和水运能力相关联。

1. 空间分布的网络形态

伴随着运河商市体系的发展完善，宁波市镇聚落在宋代开始登上历史舞台。南宋宝庆年间（1225—1227年），宁波平原除明州府城、定海县城、慈城县城、奉化县城之外，共有市镇聚落26个。其中鄞县有"一镇八市"："一镇"即小溪镇，"八市"即桃源乡的林村市、丰乐乡的横溪市、万龄乡的甬东市、阳堂乡的小白市、强风乡的下水市，以及下庄市、东吴市、韩岭市。定海县有"一镇三市"：澥浦镇和城西市、江南市、石湫市。奉化县有"二镇四市"：公塘镇、鲒埼镇和泉口市、南渡市、白杜市、袁村市。慈溪县有"一镇六市"：丈亭镇和金川乡的渔溪市、德门乡的门溪市、石台乡的大隐、黄墓市、蓝溪市、车厩市[①]。这些市镇聚落大都分布在宁波平原四周，古道与运河相接的山原交界带。到清雍正时期（1730年前后），宁波地区的市镇聚落已增加至77个。1900年前后，市镇聚落数量倍增，几乎覆盖宁波平原所有乡镇。根据日本汉学家斯波义信的研究，宁波宋代、清代、近代市镇聚落分布，均呈现出与平原河网相关联的网络形态（图3-11）。即便从今天宁波平原城镇建设情况来看，城区、街道办事处、镇区的分布，依然呈现出与平原河网相关联的网络形态（图3-12）。

---

① 黄文杰. 文·化宁波——宁波文化的空间变迁与历史表征 [M]. 杭州：浙江大学出版社，2015.

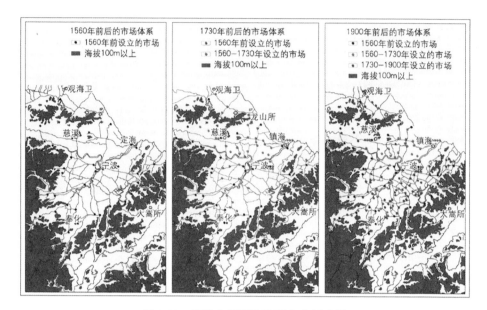

图 3-11 宁波市镇聚落发展分布示意图

(图片来源：何依，程晓梅. 宁波地区传统市镇空间的双重性及保护研究——以东钱湖韩岭村为例 [J]. 城市规划，2018，42（7）：93-101)

图 3-12 宁波现代城镇聚落分布示意图

(图片来源：笔者绘制)

2. 等级规模的层级划分

宁波运河商市体系中的市镇聚落，实际上就是施坚雅教授区域市场理论中的经济中心地。其等级规模大小，很大程度上取决于运输成本的高低[①]。也就是说，运河通航距离越远、容量越大，商品供应范围越远、成本越低，市镇聚落等级越高、规模越大。这也是为什么，与大运河宁波段相匹配的，是区域市场；与六塘河相匹配的，是基层市场。宁波南宋时期的府、县、市镇，按照施坚雅教授的经济中心地层级划分标准，大致可以划分为地区都会、地区城市、中心市镇和中间市镇四个层级（表3-9）。其中，"城市级"经济中心地，全都位于大运河宁波段流域，其等级规模与水运区位的容量大小密切相关。比如，明州城位于姚江、甬江、奉化江交汇的三江口，慈城位于慈江、中大河、剎子港交汇区，定海县城位于甬江入海口，奉化县城位于奉化江与甬台古道衔接处，余姚县城[②]位于虞甬运河、四十里河与余姚江交汇处。六塘河流域的经济中心地，则全都属于"市镇级"。可以说，经济中心地等级规模与运河容量大小相关联。正如《商君书·徕民篇》所言："山水大聚会之所必结为都会，山水中聚会之所必结为市镇，山水小聚会之所必结为村落。"

表3-9 南宋时期宁波市镇聚落等级规模统计表

	层级	集市	水运区位		层级	集市	水运区位
大运河流域	地区都会	明州城	姚江、甬江、奉化江	大运河流域	中间市镇	兰溪市	姚江支流兰溪河
	地区城市	慈城	慈江、中大河、剎子港			大隐市	姚江支流大隐溪
		定海县	甬江、东海				
		奉化县	县江、甬台古道			门溪市	中大河支流
	中心市镇	丈亭镇	姚江、慈江	塘河流域	中心市镇	小溪镇	南塘河、鄞江、樟溪
		瀣浦镇	瀣浦大河			鲒埼镇	象山港
	中间市镇	渔溪市	姚江河畔				
		车厩市	姚江河畔			公塘镇	剡溪
		黄墓市	姚江河畔				

---

① 施坚雅. 中华帝国晚期的城市［M］. 叶光庭，徐自立，王嗣均，等译. 北京：中华书局，2000：329.

② 南宋时，余姚县仍属越州。

续表

层级	集市	水运区位	层级	集市	水运区位
塘河流域 中间市镇	南渡市	县江	塘河流域 中间市镇	小白市	后塘河
	林村市	中塘河		下庄市	后塘河
	袁村市	入海小溪		甬东市	后塘河
	白杜市	白杜溪		石湫市	入海小溪
	横溪市	前塘河		江南市	入海小溪
	韩岭市	东钱湖		城西市	中大河
	下水市	东钱湖		泉口市	剡溪
	东吴市	后塘河			

表格来源：笔者绘制。

参考资料：斯波义信．宋代江南经济史研究［M］．方健，何忠礼，译．南京：江苏人民出版社，2001.

第三节　海塘聚落的层叠形态

大约从宋代开始，杭州湾水情发生巨大变化，南岸泥沙不断淤涨，海岸线不断北退（图3-13）。在杭州湾两岸北塌南涨的地理变迁过程中，三北地区人民通过海塘建设，步步为营围垦滩涂，终使沧海变桑田。今天，慈溪市围垦海涂总面积达982平方千米，占县域总面积的72.1%[①]。可以说，三北地区的发展史，就是一部海涂围垦水利史。海塘的存在，也对三北地区城乡聚落发展产生了重要影响。

---

① 佚名．三北：源远流长的围垦文化［J］．宁波通讯，2015（8）：26-27.

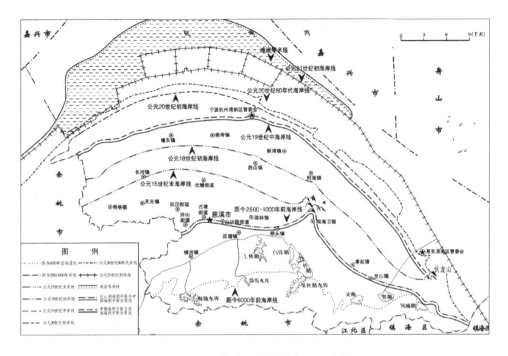

图 3-13 三北地区海岸线变迁示意图

（图片来源：慈溪市地方志编纂委员会．慈溪市志［M］．杭州：浙江人民出版社，2015）

一、三北地区滩涂围垦历史变迁

1. 海塘建设历史层积过程

翻阅三北地区围垦历史就可以清晰地看到，秦汉以来的 16 条主要海塘，随着海岸推移过程，从南向北依次层叠于平原之上（图 3-14，表 3-10）。它们犹如篆刻在地理空间上的时间刻度，诉说着三北地区滩涂围垦历史变迁的层积过程。截至 2011 年，除沿海 3 条现代海塘之外，其余历史海塘均已改做市街、道路或农田[①]。

---

① 慈溪市地方志编纂委员会．慈溪市志［M］．杭州：浙江人民出版社，2015．

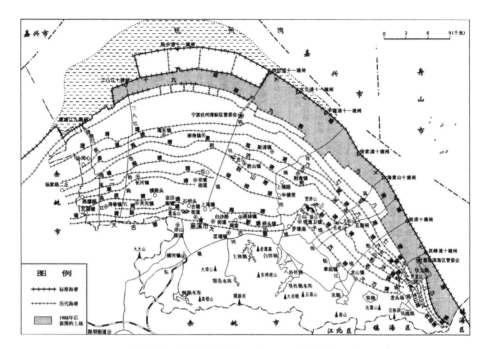

图 3-14　三北地区历代海塘修建分布示意图

（图片来源：慈溪市地方志编纂委员会. 慈溪市志［M］. 杭州：浙江人民出版社，2015）

表 3-10　三北地区历代主要海塘统计表

海塘	时间	位置及构成	现状
高塘	秦代	高塘位于达蓬山北缘方家河头村中山腰处，地势颇高，上方南坡为秦时兰屿港，下方为古村老街，属于翠屏山北麓众多散塘之一，长约1500米	
沿山长塘	汉代	沿山长塘东起达蓬山，北麓窖湖之滨，沿横筋公路向西，经河头岙、潘岙、湖墩、任家溪、东埠头、洪魏、白马岙、石湫头、瓦窑头、白洋岙、上滩头、妙山、牛头山、湖西门至陈山北麓。该塘由若干沿山散塘组串而成，包括窖湖塘、河头护村大塘、灵绪湖塘、东埠头芦柴塘、杜湖塘、上林湖塘、银锭湖塘、浊溪湖塘、秦湖塘、陈山捍海塘等	

续表

海塘	时间	位置及构成	现状
中横塘	唐初	中横塘东起松浦,向西经乐家、冯家、树桥头,到鸣鹤古镇西北1000米至洋浦双河闸,再往西经东横河北岸塘而至石堰西,包括原姚北段西横塘、原慈北段中横塘和东横塘、原镇北段傅家塘,全长50千米	
上塘	五代至北宋初	东起龙头场经三眼桥,沿快船江北岸至虹桥,西接东横河的古道大体就是上塘遗址,仅包括原慈北段、原镇北段两部分	
官塘:谢令塘	北宋中后期	官塘是从镇海起,经三北通往杭州的官道,东起龙头场下街,经田央老街、范市王家路等村至淞浦闸桥,往西经裘市高塘、淹浦下街、福山老街至洋浦,再沿329国道南侧塘河向西至芦城庙,包括原镇北段、慈北段、姚北段三部分	
一塘:大古塘	北宋至明初	大古塘位于今329国道北侧数百米处,从龙山所城东石塘山起,向西穿龙山所城南南门凉亭、观海卫城南、浒山所城北、眉山司城北至临山卫城,是三北最重要的一条捍海古塘。原姚北段于宋元时期先后由谢景初、施宿、叶恒主持修建,又名莲花塘、后海塘;原慈北段和镇北段修建于明初,又名老塘	

续表

海塘	时间	位置及构成	现状
二塘：新塘	明初永乐年间	新塘东起龙山所西门，沿大古塘北约1000米至范市新塘头村，再往西经洋山新塘跟、师桥新塘凉亭至观海卫城接姚北新塘段，经姚北东段横新塘至浒山所城北500米处，与西姚北西段横新塘相接，经天元新塘向北接周巷段省塘止。原姚北段，历山以西段又称省塘，建于明永乐初；原慈北段和镇北段，均建于明永乐晚间。此外，新塘以北，还有周塘、界塘、潮塘、坎塘四条增塘	
三塘：榆柳塘	清雍正至乾隆年间	该塘东起石塘山西麓，沿龙山所城北穿伏龙山南麓，至下宝山南麓，再折北由营房山西北麓沿三塘江经拔船塘、长河三塘村至建塘板桥路村南，经洋浦西至梁下方东路，包括原姚北段榆柳塘、原慈北段三塘、原镇北段三塘	
四塘：利济塘	清雍正至乾隆年间	利济塘也称泥牛塘，是大古塘后最重要的一条古塘，东起伏龙山西麓民国碉堡处，向西接向头山北1000米处，后沿四塘江向西经高桥、胜西四灶、义四劳家埠等村，于板桥路村北与利济塘余姚曹娥段相连。包括东段、西段（原姚北段），以及支塘胜山塘	

续表

海塘	时间	位置及构成	现状
五塘：晏海塘	清嘉庆至嘉道年间	该塘东起伏龙山西麓中部，经太平闸五塘村，五洞闸村经附海花木村，后沿五塘河至建塘三江口，协同心往西入余姚曹娥境，包括东西两段，西段即原姚北段五塘，称晏海塘，建设时间稍早，东段即原慈北段、原镇北段五塘	
六塘：永清塘	清嘉庆至民国	该塘东起龙山石塘山西北麓，经伏龙山，沿东部沿海公路至新浦六塘江，沿六塘江至建塘登州街、建五街入余姚境。西段即原姚北段六塘，称永清塘，东段即慈北、镇北段六塘，镇北伏龙山以东也称炮台塘，伏龙山以西经慈北至新浦段也称草畈塘	
七塘：澄清塘	清光绪至民国	该塘东起乌龟山，向西经伏龙山西北麓，松浦老红旗闸，经五洞闸高背山村，新浦镇下洋浦村，后沿七塘公路至泥墩村入余姚曹娥境。包括原姚北段澄清塘、原慈北段七塘、原镇北段七塘，伏龙山东称老海塘，以西称新草畈塘	
八塘：千固塘	清宣统至1965年	该塘东至龙山乌龟山以东650米与镇海区海塘相连，西至西三乡泥墩潭村与余姚县海塘相接，全长70千米，包括东段原龙山区八塘包底塘，中段原观城区八塘，西段原庵东区八塘，原余姚境内破山浦与洋浦之间又称千固塘	

续表

海塘	时间	位置及构成	现状
九塘	1966—1978年	九塘东起龙山乡大岙闸东30米,与镇海区海塘相接,西至西三乡建塘江九塘闸西750米处,与余姚县泗门区海涂水库九塘相接,包括原龙山区九塘,长16千米;原观城区九塘,长18.25千米;原逍林区九塘,长10.95千米;原庵东区九塘,长21千米	
十塘	1993—2006年	十塘东起镇海化工区,向西北经灵峰浦、淞浦、海黄山、徐家浦、半掘浦、水云浦、四灶浦至三八江止。主要包括东段——龙山围垦区、淡水泓两侧围垦区,中段——半掘浦围垦区、徐家浦排涝工程,西段——四灶浦水库围垦区、四灶浦西侧围垦区	
十一塘	2004—2012年	十一塘只是在三北海岸中部围筑,东起郑家浦直堤,西至杭州湾跨海大桥气垫船码头,主要由徐家浦两侧围涂工程和陆中湾两侧围涂工程组成	

表格来源:笔者绘制。

参考资料:方东. 三北围垦文化史稿[M]. 北京:中共党史出版社,2010.

2. 海塘社会水利协作组织

海塘围筑是一项工程浩大、复杂艰巨的水利建设活动,需要多方力量的协作参与。历史层积过程中,宗族组织和社会组织都曾积极参与海塘建设,是推动海塘发展的重要民间力量。这一过程中,围绕海塘建设管理,也形成了滨海地区独特的海塘型水利社会。

宗族组织可以说是海塘建设的最小协作单位。作为血缘与地缘的结合，宗族为了维护自身的水利利益，往往主动承担聚落周边海塘局部地段的建设任务。以慈溪师桥沈氏宗族为例，据《沈氏接涨沙涂报告册》记载，始建于清光绪年间的慈北七塘，其中淹浦至方家浦段，历来是沈氏丁地。于是清光绪二十五年（1899年）时，沈氏宗祠按照子母传沙成规，报请鸣鹤场大使批准修筑这一局部塘段，围涂造田达3500亩，后世称其为沈氏万安塘。清宣统元年（1909年），慈北八塘修筑之时，沈氏宗族再次举族之力参与师桥段围筑，并重新拟定了《慈溪师桥沈叙伦堂公议新筑义塾地条约》。类似的宗族组织海塘建设现象，在三北地区十分普遍。所以，沿海一带有"祠堂丘""人和丘""周洪六丘"等地名[①]。

社会组织则是海塘建设最主要的民间协作形式。早期的民间协作，主要是官府领导下的公众参与，以"按亩出役"和"集资筹款"两种形式为代表。比如，元至正元年（1341年），余姚州判叶恒修筑加固大古塘时，号召塘内百姓"共为之"，于是"有田者愿计亩出粟，或输其直；至者以力，亦喜于服役"[②]。有诗描述共筑海塘场景曰："手摇大鼓召丁壮，誓作长堤备不虞。政行令奔喧百里，畚锸纷纷集如蚁。"清代雍正、乾隆年间，榆柳塘（三塘）外的民户按亩捐钱、灶户[③]按丁捐筑修建利济塘（四塘）。到了近代，民间水利社会协作组织才真正出现。据民国七年（1918年）《杜白二湖全书》记载，自清光绪三十四年至民国五年（1908—1916年），慈北五都设有北乡水利事务代表、水利自治会、水利事务局等自治组织，专管湖、浦、塘、闸岁修及巡察启闭事宜（表3-11）。1947年10月，慈溪先后成立了慈北水利协会、慈东水利协会、江中乡水利协会，统管各地区的水利事务。1949年之后，社会组织逐渐被农村合作社取代。大规模海塘的修筑通常以乡（公社）为单位，或几个乡联合行动，全民参与。1966年开始建设的九塘，就是三北地区人民群众靠肩挑背扛修筑的海塘，所涉乡镇除强壮劳力全部参与之外，少年队、女子队、学生队等群体也都参与其中[④]。

---

① 《余姚市水利志》编纂委员会. 余姚市水利志[M]. 北京：水利电力出版社，1993.
② 闫彦，李大庆，李续德. 浙江海潮海塘艺文[M]. 杭州：浙江大学出版社，2013.
③ 灶户，指以煮盐为业的人户。
④ 方东. 三北围垦文化史稿[M]. 北京：中共党史出版社，2010.

表 3-11　清末民初慈北地区自治水利管理机构

组织名称	负责人	时间
水利事务	代表吴作英、叶鸿年	光绪三十四年（1908 年）九月
第一任自治会	经理叶鸿年、宓炳翰	光绪三十四年（1908 年）冬至宣统三年（1911 年）
第二任自治会	经理叶慈生、宓莲君	民国二年（1913 年）四月
第一任水利局	总理沈衍周	光绪三十三年（1907 年）冬至宣统三年（1911 年）夏止
第二任水利局	总理吴作贤	民国元年（1912 年）六月
第三任水利局	总理吴作贤	民国五年（1916 年）九月
第四任水利局	总理阮洪卿、叶蕉生	民国五年（1916 年）十月

二、三北地区盐农发展递进机制

1. 盐农产业递进发展

三北地区海积平原成陆之初，土壤、海水含盐量非常高，适于制盐。历史上，慈溪也一直是浙东地区最重要的海盐产区，其制盐历史可以追溯至唐代。地方上也有"秦则海也，汉则涂也，唐则灶[①]也"的说法[②]。到了宋代，慈溪盐业已经形成集中发展的规模效应。尤其大古塘修建之后，在大古塘外自西向东依次建有石堰、鸣鹤、龙头三个盐场（图 3-15）。盐场产盐质量在宋代也是远近闻名，《宋史·食货志下（四）》中就记载说："石堰以东近海水咸，故虽用竹盘面盐色尤白。"这之后，伴随着海塘围筑的层积过程，盐场也一次次"与海塘俱进"，向北推移（图 3-15）。1949 年，慈溪盐场已北移至澄清塘（七塘）与千固塘（八塘）之间。其中，庵东盐场海盐产量位居浙江之首，素有"浙江盐都"的美誉。

---

① 清代咸丰年间以前，慈溪一带全都采用火灶煮盐。
② 王清毅. 慈溪海堤集 [M]. 北京：方志出版社，2004.

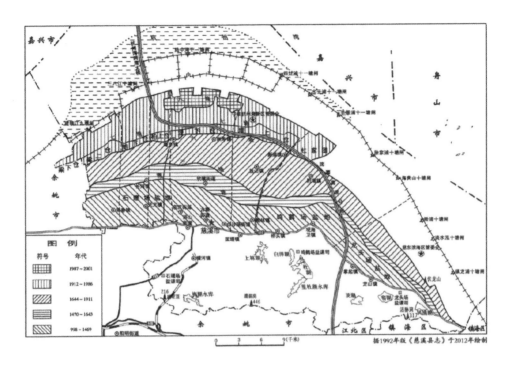

图 3-15　三北地区盐场发展沿革图

(图片来源：慈溪市地方志编纂委员会. 慈溪市志 [M]. 杭州：浙江人民出版社，2015)

在海塘外不断开拓新盐田的同时，海塘内的老盐田在海水淡化、土壤改良之后，也逐渐废盐改农，成为种植棉、粮的熟地。三北地区棉花种植历史悠久，明嘉靖《余姚县志·卷六》中，就有"（木绵）产海壖，以为絮，或纺之作布，民尤大利之"的记载。地方上，也流传着"浙花出余姚""慈溪一枝花，盛开五百年"的传说。今天，三北地区大古塘以南至沿山平原主要种植水稻，大古塘以北平原则以棉花种植为主。在这一历史过程中，盐、农产业随着海塘层积，不断经历着"（塘外）煮盐卤地——涂老地淡无卤可刮——围塘垦植——（塘内）渐成熟地"的递进循环过程[①]（图 3-16）。尽管早期盐场已经无迹可寻，但地名文化中还残存着制盐历史的些许记忆痕迹。比如，慈溪市仍有 8 个行政村以"灶"为名，包括一灶、下一灶、二灶、二灶市、三灶、三四灶、四灶、四灶浦[②]。

---

① 《慈溪水利志》编纂委员会. 慈溪水利志 [M]. 杭州：浙江人民出版社，1991.
② 王清毅. 慈溪海堤集 [M]. 北京：方志出版社，2004.

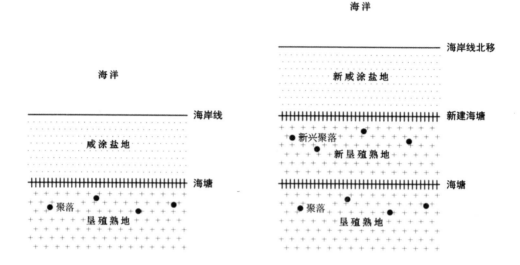

图 3-16　盐农产业递进发展过程示意图

(图片来源：笔者绘制)

2. 灌溉河网递进延伸

"盐改农"的过程中，海塘内河网水系必须接受全面改造升级，以满足水稻、棉花等农业生产的用水需求。比如，在 1984—1987 年，慈溪庵东区"盐改农"时，共新开河流 203 条（段），疏浚、拓宽大小河流 415 条（段），总长达 33.72 万米[①]。与自然河流的曲线形态不同，这些人工开掘的河网水系往往横平竖直。其中，南北走向纵贯海塘直流入海的，一般称为"浦"；东西走向与海塘平行横贯三北大地的，一般称为"江"。自大古塘以来，几乎每一次新的海塘建设、每一次盐农产业的递进发展，都带来"浦"的递进延伸和"江"的递进平移。今天，慈溪市十一塘内已经建成有 16 条横江和数十条纵浦（表 3-12，图 3-17）。它们在三北地区，构成了一个近似"棋盘状"的灌溉河网。这 16 条横江的位置，基本与 16 条主要海塘相耦合，似乎在以另一种方式记述着三北地区海塘围垦的历史进程。

---

① 《慈溪水利志》编纂委员会. 慈溪水利志 [M]. 杭州：浙江人民出版社，1991.

表 3-12 慈溪主要江、浦河流统计表

走向	河流
横江：东西走向	东横河、竺山江、大古塘河、快船江、潮塘横江、新二江、二塘横江、三塘横江、胜山塘横江、四塘横江、五塘横江、六塘横江、七塘横江、八塘横江、十塘横江、十一塘横江
纵浦：南北走向	镇龙浦、淡水泓、淞浦、高背浦、徐家浦、淹浦、方家浦、蛟门浦、半掘浦、水云浦、四灶浦、新城河、周家路江、梅湖江、上林湖江、浒山江、洋山路江、陆中湾江、垫桥陆江、周家路江、三八江、建塘江等

表格来源：笔者绘制。
参考资料：慈溪市地方志编纂委员会. 慈溪市志［M］. 杭州：浙江人民出版社，2015.

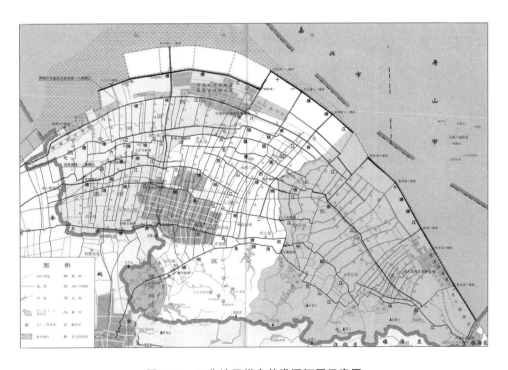

图 3-17 三北地区棋盘状灌溉河网示意图
（图片来源：笔者改绘，底图来自《慈溪市志》）

三、三北地区城乡聚落层叠形态

海塘围垦过程中,三北地区的土地、盐农产业,始终处于增量发展状态,因而吸引了大量外地移民迁入。在海塘建设、盐农产业、移民人口的共同作用下,三北地区城乡聚落迅速走出翠屏山北沿山平原,向海积平原腹地发展。

1. 移民宗族渐次迁入

三北地区是一个典型的移民聚集地,"移民文化"甚至是慈溪市四大文化特色之一[①]。其移民历史,最早可以追溯至秦始皇时期的汉、越边民互迁。自那之后的数千年来,三北大地外来移民络绎不绝,但历史上规模较大的移民事件当属宋代的北方移民、明代的军屯移民和清代的盐户移民。

北宋末年的靖康之耻和高宗南渡,是三北历史上规模最大、影响最深远的一次移民过程[②]。大量北方移民迁至大古塘内聚族而居,比如师桥沈氏、横河胡氏、周巷周氏、范市范氏、宗汉马氏、鸣鹤叶氏、掌起陈氏、龙南孙氏、天元许氏、桥头余氏等。明代,三北地区作为浙东海防要冲,先后建成观海卫城、龙山所城、三山所城。大批海防兵士及家眷,作为军屯移民从外地抽调而来,由此形成了盐田、民田、屯田三足鼎立的海涂利用方式。清代乾隆年间,朝廷彻底取消了盐业生产的灶丁人头税,绍兴移民因而大量涌入三北灶地,从事盐业生产。地方流传的《灶田溜场丁地》一诗,就记述曰:"税减官民有灶田,海疆盐法召民煎。随沙直绻从天涨,派地分丁几世年。[③]"今天,五塘晏海塘、六塘永清塘、七塘澄清塘一带,大多都是当初绍兴盐户移民迁居形成的村落。

可以说,海塘建设与盐农发展,为三北地区带来了移民迁入的人口红利。但与此同时,移民迁入也推动了海塘建设与盐农产业的继续发展。正是新、老移民的鼎力合作,逐塘北筑,才使三北海涂、盐农产业经年北拓,为后世创造了更广阔的生存发展空间。

---

① 慈溪四大文化特色分别是慈孝文化、围垦文化、移民文化和青瓷文化。
② 方东. 三北围垦文化史稿 [M]. 北京:中共党史出版社, 2010.
③ 王清毅. 慈溪海堤集 [M]. 北京:方志出版社, 2004.

2. 城乡聚落层叠形态

在海塘建设、盐农产业、移民人口的互动过程中，城乡聚落作为各种社会关系的空间投影，也跟随着海塘北筑步伐，逐层递进发展。每一次海塘北拓之后，新建海塘内都会由于移民迁入，形成一批新的城乡聚落。由于与海塘之间历史的、空间的紧密联系，许多聚落选择以"海塘"为名，比如大塘村、新塘村、三塘村、四塘村、五塘村等（图 3-18，表 3-13）。这些"与海塘俱进"的城乡聚落，在区域层面形成类似千层饼的"层叠"分布形态（图 3-18）。不止于此，今天慈溪市的城乡建设用地分布、人口分布等，也都呈现出相同的层叠形态特征（图 3-19，图 3-20）。其中，大古塘作为三北地区历史上最重要的海塘，始终是城乡聚落最为密集、人口密度最大的层叠区域。

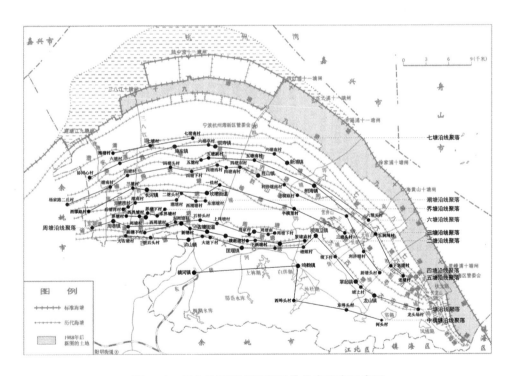

图 3-18　三北地区城乡聚落层叠分布形态示意图

（图片来源：笔者绘制，底图来自《慈溪市志》）

表 3-13　三北地区海塘沿线城乡聚落统计表

历代海塘		沿线城乡聚落
中横塘		横河镇、鸣鹤镇、东埠头村、西埠头村
一塘大古塘		浒山街道、匡堰镇、观海卫镇、掌起镇、龙山镇、塘后头村、大塘村、大古塘村、大塘下村、大塘头村、塘跟村、旧塘下村、塘上村、塘下村、孙家塘头村
二塘新塘		宗汉街道、古塘街道、白沙路街道、桥头镇、新塘头村、新塘下村、下新塘村、新塘村、横新塘村
二塘增塘	周塘	周巷镇、逍林镇、周塘村、东周塘村、西周塘村、上周塘村、周塘北村、周塘南村、周塘下村
	界塘	天元镇、界塘村、东界塘村、西界塘村、界塘下村、界塘登村
	潮塘	塘湾村、潮塘南村、潮塘下村、后塘湾村、潮南村、潮下村、潮塘村、二塘头村、东潮塘村、西潮塘村
三塘榆柳塘		长河镇、墩坎街道、三塘村、三塘头村
四塘利济塘，也称泥牛塘		胜山镇、四塘村、四塘头村、塘南村、利济塘下村、利济塘南村、塘下村、利济塘村、新塘头村、泥牛塘南村、泥牛塘下村
五塘晏海塘		附海镇、五塘南村、老塘村
六塘永清塘		庵东镇、崇寿镇、新浦镇、六塘村、六塘亭村、六塘头村
七塘澄清塘		海塘村、七塘村、七塘南村

表格来源：笔者绘制。

参考资料：王清毅. 慈溪海堤集 [M]. 北京：方志出版社，2004.

图 3-19 三北地区城乡建设用地分布层叠形态示意图

(图片来源:《宁波市地图集》编纂委员会. 宁波市地图集 [M]. 北京:中国地图出版社,2012)

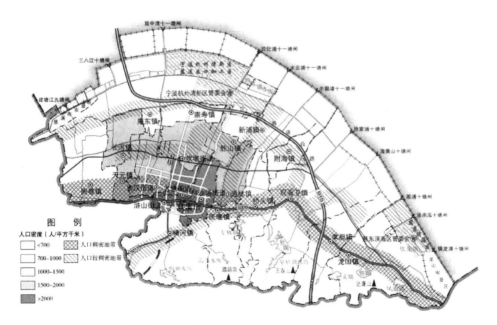

图 3-20 三北地区人口分布层叠形态示意图

(图片来源:慈溪市地方志编纂委员会. 新编慈溪市图志 [M]. 西安:西安地图出版社,2013)

第四章　水利营建中城乡聚落组织的缘水形态

在聚落空间组织过程中，水利营建有筑防御、给排水、通航运、阻风浪、理风水等多种重要功能。所谓"缘水形态"，就是出于上述功能需求，聚落生活组织、空间发展所表现出的水利依附性形态特征。由于职能角色、等级规模方面的重大差异，历史上城市和村镇的缘水形态存在诸多不同。前者更为复杂多变，后者相对固定单一。本章从宁波城、乡两个方面着手，在以水利为中心的功能组织中，分别探讨历史城市缘水形态的层积发展过程和环境适应特征，以及历史村镇缘水形态的结构类型特征。

宁波的历史城市体系包含"一府六县"（图4-1），即宁波府城、余姚县城、慈城县城、奉化县城、象山县城、镇海县城、宁海县城。这其中，府城作为宁波平原三江口的治所中心，无论是空间发展的历史完整性，还是空间组织的水利适应性，都更具典型意义。因此，历史城市缘水形态的层积发展过程研究，主要以宁波府城为代表。宁海县城由于身处南部天台山脉环绕之中，水利关联性特征并不突出，因而未将其纳入历史城市缘水形态环境适应特征的研究范围（图4-2）。

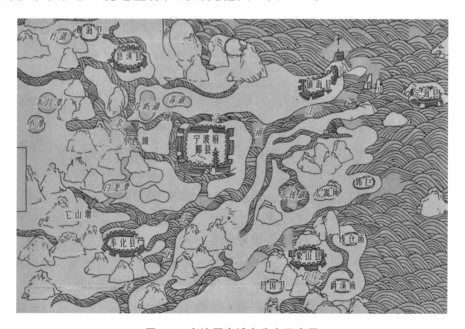

图4-1　宁波历史城市分布示意图
（图片来源：《宁波市地图集》编纂委员会. 宁波市地图集［M］. 北京：中国地图出版社，2012）

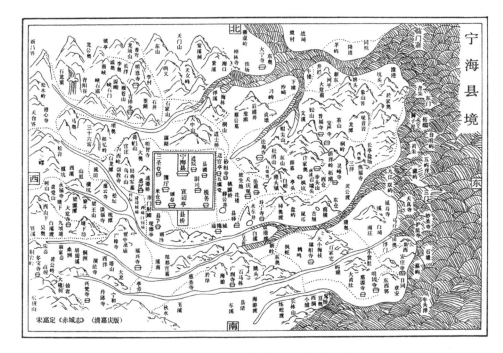

图 4-2 宁海县城县域历史环境示意图

（图片来源：宁海县地方志编纂委员会. 宁海县志［M］. 杭州：浙江人民出版社，1993）

第一节 宁波府城层积式缘水发展过程

宁波所在的海侵地区，自然水文环境复杂多变。城市建设无法一步到位，只能在历次水利营建中逐步完善空间组织。宁波府城的理水营建，始于唐，成于宋，延及明清，至今已有 1200 年历史。在唐宋两代，府城空间组织的每一次发展完善，都离不开水利营建的重要贡献。

一、小湖修治，三江口子城中心诞生

宁波府城所在的三江口高地，虽很早便已出现定居点，但城市聚落的诞生始终受制于"水难蓄而善泄，岁小旱则池井皆竭"[①] 的用水难题。唐

---

① 引自宋朝张津的《乾道四明图经·卷一·水利》。

初，虽曾有筑城尝试，但很快因"人—水"矛盾只能作罢①。唐贞观十年（636 年），鄮县令王君照在三江口高地西南缘开凿修治小湖②，为城市聚落发展初步奠定了良好的水利基础。唐武则天"天册万岁"至"万岁登封"年间（695—696 年），三江之畔出现了最早的标志性建筑"天封塔"——三江口夜间导航标志，可见当时水运商贸已初具规模。这之后历经一百多年的原始积累，明州州治终于在唐长庆元年（821 年）从小溪迁至三江口，子城中心正式诞生③（图 4-3）。

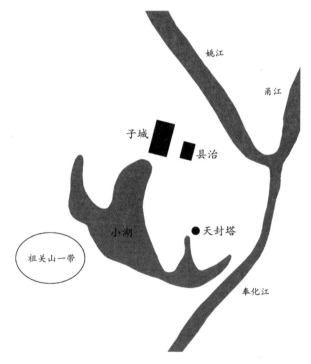

图 4-3　"小湖修治—子城诞生"示意图

子城空间组织通过"筑防御""给排水"水利营建，形成了完善的护城河水系和雨污排水网。关于护城河，《宝庆四明志》中记载："城四周围

---

① 唐武德四年（621 年），朝廷曾设鄞州，迁州治于三江口。唐武德八年（625 年），鄞州又被裁撤，改为鄮县，县治迁回小溪（今鄞江镇）。

② 北宋舒亶在《西湖引水记》一文中有相关记载："鄮县南二里有小湖，唐贞观中令王君照修也。"

③ 《宝庆四明志》载："长庆元年刺史（韩察）易县治为州，撤旧城，筑新城。设有东南西北四门。"

四百二十丈，环以水"（图4-4）。其中，南护城河在今天鼓楼外中山路一线，东、北护城河在府山之下，河岸在公园路一带向西与呼童街西护城河连接，宽度达到5米左右。子城排水系统包括城墙内的窨井、窨沟，城墙上的雨水汇聚后排至窨井，然后经窨井连接窨沟排入护城河，子城北部的公园路就曾发掘出排水、排污沟6条①。

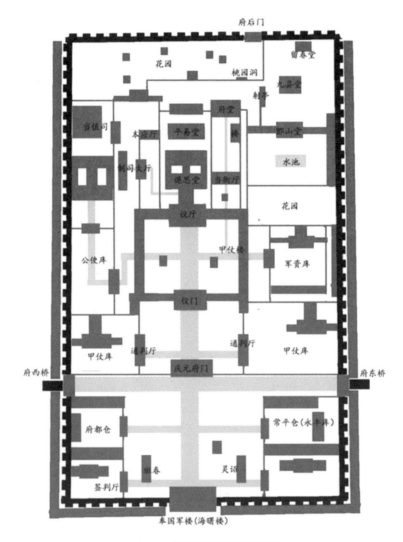

图4-4 子城格局复原示意图

（图片来源：笔者绘制）

---

① 林士民．三江变迁——宁波城市发展史话[M]．宁波：宁波出版社，2002．

二、它山引水，子罗双城空间格局确立

子城建立之后，三江口人口规模不断扩大。这一过程中，曾经的"人—水"矛盾再一次出现。首先，土地垦植拓展导致"与湖争地"现象越来越严重，小湖面积不断减小，最终萎缩成后来的日湖和月湖①。其次，小湖的水源地广德湖，水量越来越不稳定。"广德湖水枯不复入城"的情况时常发生，致使子城内外"非特民渴于饮，而河内海潮，以之灌溉，田皆斥卤，耕种废矣"②，严重限制了明州城的继续发展。唐太和七年（833年）时，鄞县县令王元炜在小溪修建它山堰，开凿南塘河，引四明山樟溪之水，源源不断地注入三江口小湖。它山引水工程，彻底结束了子城"时咸时淡""民渴于饮"的局面，也彻底解除了用水局限带来的发展规模限制。自此以后，明州城市用地规模和人口规模，都快速增长。

唐乾宁五年（898年），明州刺史黄晟率众于三江口构筑外城（即罗城）。《宝庆四明志》记载："罗城周围长二千五百二十七丈许，计一十八里。奉化江自南来限其东，慈溪江自西来限其北，西与南皆它山之水环之，唐末刺史黄晟所筑。"也就是说，它山堰修建之后仅仅65年时间，明州城规模扩大了约46倍③。唐时，罗城三江口一带直接邻江，仅城西、城南筑有护城河。城周四方设有城门十座④：西称望京门，北西称郑堰门（后称永丰门），北称盐仓门（后称和义门）、达信门，东北称渔浦门，东称东渡门、灵桥门、来安门，东南称鄞江门，南称甬水门（后称长春门）⑤，其中望京门、甬水门为水陆双门（图4-5）。城内沿河筑路，以子城为中心形成"丁"字形纵横轴线，从而确定了宁波"子罗双城"的空间格局（图4-6）。

---

① 清代浙东著名史学家全望祖在《增定广德湖白鹤庙祀典碑》一文中，称"小湖"为"城中双湖"。
② 转引自魏岘《四明它山水利备览》。
③ 该数值将子城近似为方形，罗城近似为圆形，将城周长度换算为面积比较而来。
④ 宁波市暨各县（市）区政协文史资料委员会. 宁波文物古迹保护纪实[M]. 宁波：宁波出版社，2000.
⑤ 林士民. 三江变迁——宁波城市发展史话[M]. 宁波：宁波出版社，2002.

图 4-5　宁波府城和义门、望京门、甬水门历史照片

（图片来源：微信公众号"老宁波"）

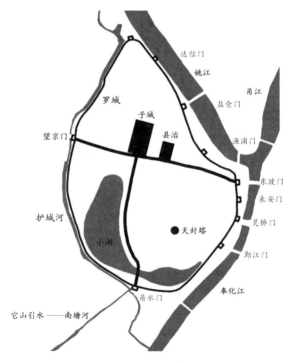

图 4-6　"子罗双城"格局示意图

（图片来源：笔者绘制）

三、河网梳理,水乡城市交通网络成形

在外部水源问题解决的同时,对宁波府城内部给排水网络的梳理也在不断完善(图 4-7)。自唐代在奉化江边修建东门碶闸以来,北宋大中祥符年间(1008—1016 年),府城东渡门外又陆续建有水喉、气喉、食喉,使内外江河相互联通,以调控城内水位。南宋时,宁波府城已经形成了以日湖、月湖为中心,覆盖全城的"二湖一池四十河"水网系统(图 4-8,图 4-9,表 4-1)。《宝庆四明志》有记载云:"日、月二湖,皆源于四明山,潴城西南隅。南曰'日湖',西曰'月湖'(又名'西湖')。二水支派,缭绕城市。"

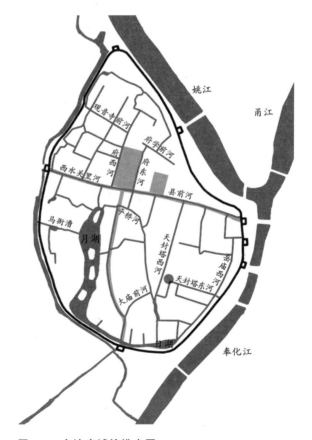

图 4-7 宁波府城给排水网

(图片来源:笔者绘制)

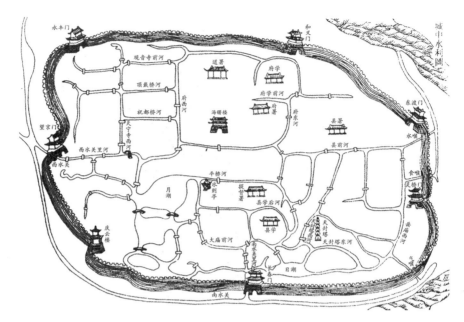

图 4-8 宁波府城内水利图

(图片来源：鄞县地方志编纂委员会. 鄞县志 [M]. 北京：中华书局，1996)

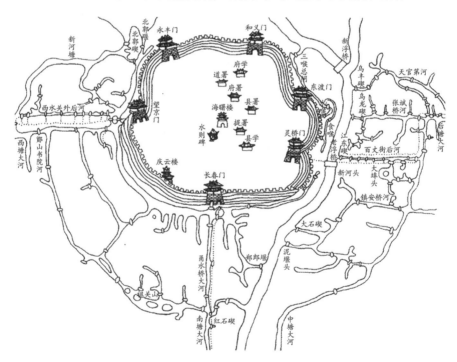

图 4-9 宁波府城外水利图

(图片来源：鄞县地方志编纂委员会. 鄞县志 [M]. 北京：中华书局，1996)

这样一座以水为脉的水乡城市，城内道路街巷、交通组织也依河网走向，形成"一道街巷一道水""河街相邻、街坊相隔"的水巷肌理。南宋宝庆年间（1225—1227年），宁波府城内主要街巷已有50余条，其中许多历史街巷名称沿用至今，比如，唐代街巷名称——中山路、药行街、柳汀街、沙泥街、咸塘街、镇明路、仓桥街、开明街，宋代街巷名称——小梁街、大梁街、白衣寺巷、孝闻街、镇明路、迎凤街、碶闸街、开明街、广济街、县前街、冷静街、仓水街、县学街、府桥街、车轿街、国医街、章耆巷、咸塘街、大来街、石板巷等。桥梁作为交通网络缘水形态的景观标志，广泛分布于府城街巷的各个角落，数量众多。以南宋宝庆年间计，宁波府城内四厢桥梁，多达120座（见本书附录中的附表4-1，附表4-2），足可见当时交通网络之完善。

表 4-1　南宋宁波府城河网及相关桥梁统计表

河流	位置走向及相关桥梁
府东河	府后池，南入于平桥河，上有三桥：府东桥、渡母桥、迎凤桥
平桥河	西入月湖，东入日湖。其支流有二，一东入市心桥，北流至万寿寺西之渠；一东入渔栏桥，流至城隍庙后小渠，上有八桥：平桥、广济桥、木栏桥、新桥、普照桥、捧花桥、市心桥、渔栏桥
府西河	子城之西护城河，北流入东林庵前池，南入西水关里河，上有三桥：四港桥（东达市舶司后街）、府西桥、行用库桥
观音寺前河	西抵府城下渠，东入府河，上有二桥：东上桥、西上桥
天宁寺西河	北入观音寺前河，南入西水关里河，上有三桥：河利桥、芳嘉桥、水浮桥
顶带桥河	东入府西河，西入天宁寺西河，上有一桥：祝都桥
西水关里河	东至石灰埠，南入月湖，上有五桥：迎恩桥、社坛桥、虹桥、惠政桥、醋务桥
县前河	西至饭巷桥，入府东河，东过大池，至团桥向南至咸塘汇，上有十二桥：贯桥、饭巷桥、萧家桥、黄封桥、回渡桥、开明桥、积善桥、余庆桥、做絮桥、生姜桥、都税院桥、团桥
天封塔西河	南至王监桥入日湖，北至隐仙桥入县前河，上有八桥：王监桥、砖桥、天封桥、福明桥、新牌桥、洗马桥、泰和桥、隐仙桥

续表

河流	位置走向及相关桥梁
天封塔东河	东至狮子桥，入岳庙西河，西至大福桥，南入日湖，上有五桥：狮子桥、大桥、戚家桥、大福桥、长石桥
岳庙西河	南至明州桥，入日湖，北抵咸塘汇，流为渠，达团桥，其支流入小江桥，西流为渠，至破石桥，上有八桥：明州桥、青龙桥、鄞江桥、皂角庙桥、车桥、小江桥、泥桥、破石桥
大庙前河	东入南水关里直河，西经镇明岭，右至平桥水则，左入月湖，上有七桥：大庙桥、尚书桥、社团桥、韩家桥、湖桥、九曲巷桥、后所营桥
府学前河	东抵乾碶头，西至贡院桥，北入横河头至白衣寺前，上有二桥：监桥、贡院桥
县学后河	东汇合广济桥，南入日湖，西过湖桥入月湖，上有二桥：均屠桥、傅家桥
南水关里直河	南出水关，北至普照桥，东入日湖，上有三桥：桂芳桥、仓桥、家庙桥
南水关里横河	西入月湖，北入日湖，上有二桥：锦照桥、虹桥
日湖	日湖上有四桥：采莲桥、水月桥、行香桥、塔儿桥
月湖	月湖上有九桥：众乐桥、尚书桥、虹桥、衮绣桥、青石桥、锦里桥、湖心东桥、湖心西桥、建碑桥
清澜池	清澜池上有三桥：府桥、东桥、西桥

表格来源：笔者绘制。

参考资料：林士民. 三江变迁——宁波城市发展史话 [M]. 宁波：宁波出版社，2002.

四、运河连通，东南港埠关街港市兴盛

北宋嘉祐年间（1056—1063年）至南宋宝祐年间（1253—1258年），宁波府城外先后修建完成六塘河、大运河宁波段水利工程。水运的发达，推动明州城迅速成为区域市场中的东南港埠、基层市场中的地区都会。府城缘水发展的关街、港市，随之繁荣兴盛。

六塘河中，西塘河、南塘河与府城望京门、甬水门相连。鄞西、四明山、奉化等地的农蔬瓜果、山林物产，因而可经水运直抵府城门下，在城

外关厢形成商贸街市，如望京门外的西塘关市、甬水门外的南塘关市（图 4-10）。民国版《鄞县通志》中就记载说："南门有三市，西门有八市。三市多竹木畜类，有事之家率于此以购鸡鹅鸭；八市多蔬菜行，盖皆由余姚及鄞县西乡而来也。船舶争集，人民杂遝，夹道商铺，鳞次栉比，一如江东。"其中所提及的"江东"，是清代宁波府城向奉化江东岸拓展时，借助中塘河、后塘河水运条件，在灵桥门对岸百丈街一带形成的商市中心，以打铁、木行、造船等手工业为主。

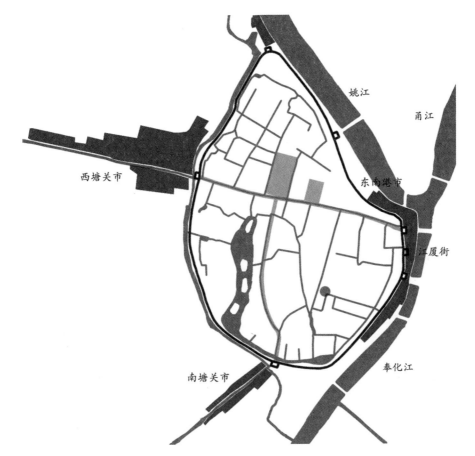

图 4-10　宁波府城关街港市发展示意图

（图片来源：图片由笔者绘制）

大运河宁波段中，三江口是河、海水运及南、北沙船的转换枢纽，因此，府城东渡门、来安门、灵桥门外的江厦街一带，形成了宁波最早的对外贸易港市（图 4-10，图 4-11）。这里不仅有当时国内专营南北方沿海贸易的专业化商行"南号"和"北号",而且集中了朝鲜、日本、越南、爪哇等各国的海商船舶。放眼望去,江面桅杆层叠如山林,船帆涌动如波涛,尽是一片繁荣景象。所以宁波民间,一直流传着"走遍天下,不如宁波江厦"的传说。水运基础上的港市缘水发展,甚至从两宋延及清末。近代开埠之时,宁波成为五口通商的海港之一。甬江北老外滩作为租界区,迅速崛起并取代江厦成为中外商贸云集的繁荣港市。

图 4-11　宁波南塘老街、江厦街历史照片

(图片来源:南塘老街历史照片来自万伯春的《甬水遗韵》,
江厦街历史照片来自微信公众号"老宁波")

五、水则立碑,泄洪排涝管理系统完善

南宋末年,宁波府城"筑防御""给排水""通航运"的水利空间营建,已基本完成。唯一缺乏的,便是内外河网泄洪排涝的统一管理机制,以致无法实时有效地调控水量水位。

南宋开庆元年（1259 年），制置使吴潜在宁波府城平桥下设立水则碑（图 4-12），作为水位测量的标尺和内外碶闸管理的参考，大大提升了泄洪排涝管理的精准性和时效性。首先，水则碑以石刻"平"字为尺，度量月湖平桥实时水位高程。据现代科学测定，"平"字首横为黄海海拔高度 1.62 米，二横为 1.36 米，下端 1.09 米。推测二横为当时的常水位线，这与现在的宁波常水位 1.33 米基本相符[①]。当水没"平"字时，开闸放水，排涝防洪；当水露"平"字时，闭闸拦水，蓄淡阻咸。由此可见水则碑泄洪排涝管理的精确性所在。其次，水则碑位于平桥下、鼓楼前，"平桥距郡治，巷语可达也"。这就大大缩短了"水位观测—上报水情—判断决策—下达政令—碶闸启闭"的行政决策时间周期。水情信息收集、处理、反馈的无缝衔接，大幅度提升了泄洪排涝管理的时效性。

可以说，水则碑的设立，赋予宁波府城居中管控区域水利设施的核心地位，也标志着宁波府城水利营建空间组织的完善（图 4-12）。这之后，元、明、清三朝在唐宋基础上继续发展，但再无大型理水营建活动见诸历史记载。

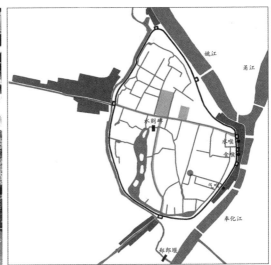

图 4-12　水则碑历史照片及位置示意图

（图片来源：左上历史照片来自微信公众号"老宁波"，
左下现状照片为笔者拍摄，右图为笔者绘制）

---

① 戴自立. 吴潜与"平"字碑［N］. 海曙新闻，2014-10-31.

第二节　历史城市适应性缘水组织形态

无论是府城还是县城,空间发展过程中水利营建"筑防御、给排水、通航运、阻风浪"的功能需求基本相同。因而在功能适应性逻辑下,其缘水形态的空间组织要素也具有诸多相似之处,大体包含护城河、水系河网、蓄淡湖泊、关街港市、护堤海塘五种要素类型。但是,在宁波依山、傍原、滨海的差异化地缘环境中,不同区域历史城市的层积过程,具有不同的环境适应特征。其缘水空间组织的特征要素及特征形态,因而也各有不同。具体表现为,山前坡地的缘溪形态、平原中心的缘江形态以及沿海滩涂的缘海形态。

一、缘溪形态：山环水绕，棋盘格局水系河网

宁波历史城市中的慈城、奉化、象山三个县城,均选址于四明山或天台山的山前坡地。这一区域的水文环境以山缘汇水溪流为主,城池建设无江河天险可守,空间组织无密集水网可依。城市空间形态只能缘溪发展,理水营建全凭人力所为。城外,依山形走水势修筑山环水绕的护城河;城内,依仪轨引水渠营建棋盘格局的水系河网。

1. 山环水绕护城河

从历史发展过程来看,慈城、奉化、象山虽均于唐代立县,但彼时有县无城。宋代时,《宝庆四明志·奉化卷》记载"宋有城,周环六百四十八丈",《象山卷》中同样记载说"县城周回一百五丈,治平中令林旦筑,河水环之",但均已无据可考。甚至有学者考证之后认为,百余丈的城周规模并非县城,更可能是县治所在地的城垣[①]。明代,为应对浙东地区倭寇匪患,慈城、奉化、象山方才大规模修筑城池,以护卫城市安全。位于山前坡地的历史城市,因无自然天堑可守,只能自行挖掘护城河,形成群

---

① 竺桂良. 象山的古城 [N]. 今日象山, 2014-12-16.

山环绕、城河拱卫的防御态势。护城河通常发端于深山长谷，依山形引溪流环绕城市一周。邻山一面，因地势较高，护城河无法形成闭环，因而整体形态形如"U"字（表4-2）。

表 4-2　山前坡地历史城市护城河形态示意

	慈城县城	象山县城	奉化县城
历史地图			
护城河现状	保留完整	转译为道路	转译为道路

表格来源：笔者绘制，历史地图来自宁波各县市地方志，卫星图来自谷歌地球。

今天，护城河缘水空间早已发生巨大变化。奉化县城中，城北北溪河[①]保留至今，城东、城南护城河与城墙一起，转变为城基路。象山县城中，城周护城河已分别转变为城西路、建设路、东塘山路3条城市道路。唯独慈城县城的护城河，至今保存完好（表4-2）。伴随着古代军事功能的丧失，护城河作为历史边界的文化价值、作为环城水系的生态意义，逐渐受到重视。2010年，《宁波市慈城古县城城市设计导则》就提出"护城河环城绿地公园"计划，并制定了严格的风貌控制要求（图4-13）。希望借助"护城河＋景观带"的生态屏障，延续"护城河＋城墙"军事屏障的历史意象。实际上，无论护城河保存完好与否，其作为历史边界的"U"字形态，始终潜藏于城市空间当中，影响着现代城市的空间发展（表4-2）。

---

① 奉化《光绪县志·水利》中记载："护城溪河（北溪）也，源发于县西北之日岭"。

图 4-13 慈城护城河绿带规划图

(图片来源:华中科大城市规划设计研究院于 2010 年编制的《宁波市慈城古县城城市设计导则》)

2. 棋盘格局水系河网

由于地形的原因，山前坡地并不像平原中心那样水乡河网纵横交错。历史城市内部水系组织仍需依赖人工理水营建，因而其形态呈现出规划意志下的机械性肌理特征。比如，唐开元二十六年（738年），慈城设县建治时，县令房琯便效仿古都长安经涂纬轨法式，理水营城。据明朝《天启慈溪县志》记载，唐时慈城"列五街：中街，东、西街，上、下横街。左右三十巷，井井若棊（通棋）枰然。又东西街傍开两直河，南北开三横河。中街阔七丈，余两旁开市河，阔八尺，深八尺，东西河旁作廊房，廊前植槐柳"。此时的慈城，初步确立了"三横三纵"的水系河网，"一街一河"的双棋盘街巷肌理（图4-14）。明代城池修筑之时，慈城空间向东、南、

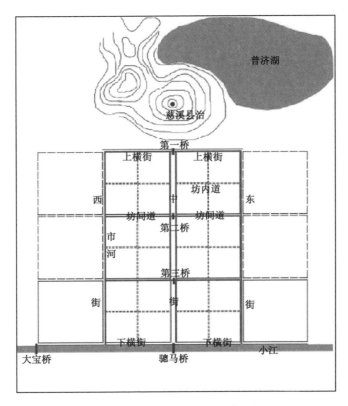

图 4-14　唐代慈城"三纵三横"水系

（图片来源：徐敏. 水利因素影响下的城市形态变迁研究——以慈城为例[J]. 城市规划，2011，35（08）：37-43）

西都有所扩展。城东的县东河、城南的郑家桥横河等多处河道，均被纳入城池当中，并与原有水系河网互联互通。至清代，慈城水巷系统已经非常完善，形成了"三纵五横"的棋盘格局水网体系，慈城空间的缘溪形态也在此刻定型[①]（图4-14）。所以，过去慈城内河流众多、街巷纵横，慈城人家往往宅前院后枕河而居。无论是日常生活中的取水、用水、排水，还是船舶交通出行，都在这一方棋盘格局的水系河网中进行（图4-15）。慈城的街巷，多为半边是路半边是水的形态，河桥相伴，充满了江南水乡的灵秀之气。

图 4-15 旧时慈城水系生活场景示意

（图片来源：何依. 四维城市——城市历史环境研究的理论、方法与实践 [M].
北京：中国建筑工业出版社，2016）

民国以后，慈城内外水系河道淤积、占用现象日益严重，水系河网引水供水功能、水运交通功能逐渐衰退。20世纪50年代，在全民治水热潮中，慈江上游水系先后修建水闸，以满足农业灌溉需要。特别是姚江大闸的修建，导致慈江下游水流不畅，潮涌不能至。慈城内水巷河网因而大多淤塞、断流，并在汽车时代的洪流前迅速被填埋成陆。棋盘格局的水系河网，最终被街巷路网所替代。如今，慈城内"半街半河"的景象早已难觅踪迹，仅能通过路面黑色沥青的铺装差异，来唤起过往水乡记忆。但是，从形态层面来看，尽管"水系河网"形迹全无，但其"棋盘格局"的缘溪形态依然得到延续。消失的"水系河网"依然在历史的底层面规定着"街巷路网"的位置和走向，以致今天慈城古县城的道路交通网络，依然呈现出"棋盘格局"的形态特征（图4-16）。

---

① 何依. 四维城市——城市历史环境研究的理论、方法与实践 [M]. 北京：中国建筑工业出版社，2016

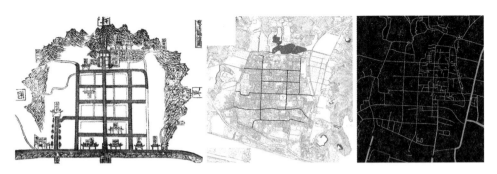

图 4-16　慈城"棋盘格局"水系河网与现代路网比较示意图

(图片来源：笔者绘制，历史地图来自慈溪县志，历史水系底图来自网络，现代道路底图来自谷歌卫星图)

二、缘江形态：湖城融合，指状延伸关街港市

与山前坡地不同，平原中心区域江河纵横、水网密布。这一地区的宁波府城和余姚县城，因而得以因天时就地利，以三江天堑守城、以自然水脉营城。空间组织过程中，护城河主要由人工河渠与自然江河共同组成，闭合成环、形如鹅卵。余姚县城独特的"双城模式"，更是形成了以姚江为界、上下双环的"8"字形护城河。城内水网则在自然水系基础上随形就势，呈现出自由格局的肌理特征（表 4-3）。但是，平原中心水文环境通江达海的突出特征更在于，海潮上溯带来的"咸淡交织"用水难题，以及水运亨通带来的"商贸便利"发展机遇。因此，城市空间缘江形态，不仅需要"湖城相融的蓄淡湖泊"，以支撑城市日常生活生产运营，而且可以借助水运交通的集聚作用，形成"指状延伸的关街港市"。这一缘江形态特征，在宁波府城中尤其明显。

表 4-3　宁波府城、余姚县城护城河及水系河网形态

	宁波府城护城河	余姚县城护城河	宁波府城水系河网
历史地图	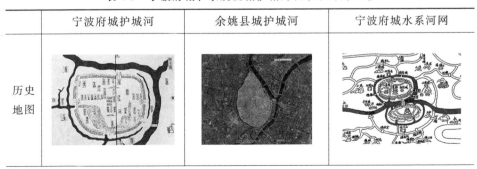		

续表

宁波府城护城河	余姚县城护城河	宁波府城水系河网
历史形态		

表格来源：笔者绘制，历史地图来自地方志，卫星图来自谷歌地球。

1. 湖城相融的蓄淡湖泊

如前所述，宁波府城早在唐贞观十年（636年），便已在三江口高地祖关山一带，开凿修治了小湖。子城中心建立之时，湖城之间尚处于分立并置的关系。及至唐乾宁五年（898年），三江口罗城修筑之后，日、月二湖才被纳入城池范围内。于是，蓄淡湖泊与历史城市之间，不仅在空间层面，而且在日常生活、文化精神层面，形成"湖城融合"的形态关系（图4-17）。因为，伴随着湖城空间的毗邻交织，蓄淡湖泊逐渐融入市民日常生活圈，成为休憩娱乐的公共场所。碶闸堰坝水利设施之外，亭台楼阁的园林景观营造随之而来，"蓄淡湖泊"开始向"公共园林"转变。与此同时，传统文化思想中儒家"以水比德"、佛家"以水悟禅"、道家"以水论道"的格物特征，也使湖域空间成为四方名士荟萃之所——文人骚客来此赋诗写意，经史学者在此讲学授业，佛道僧众居此开坛布道。蓄淡湖泊，又进一步成为孕育城市文化精神的一方圣地。以宁波府城为例，月湖在"湖城融合"过程中，便经历了"水利湖泊—园林湖泊—文化湖泊"的角色转变。

（1）月湖公共园林景观建设。

月湖园林景观的营造活动，主要集中于北宋（表4-4）。舒亶在《西湖记略》中说："北宋嘉祐中（1056—1063年），明州太守钱公辅，仿钱塘浚治西湖办法，筑堤植柳种花，并构筑'憧憧'桥、廊，建造'众乐亭'。"[①]

---

① 引自宋朝舒亶的《西湖记略》。

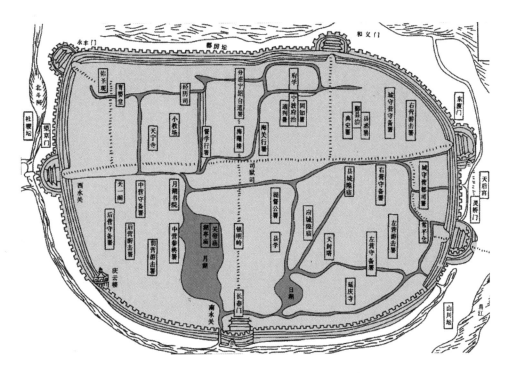

图 4-17 月湖与宁波府城"湖城融合"示意图

(图片来源:鄞县地方志编纂委员会. 鄞县志 [M]. 北京:中华书局, 1996)

《众乐亭诗》的序文中亦有记载曰:"众乐亭居南湖之中,南湖又居城之中。望之真方丈、瀛洲焉,以其近易至,四时胜赏,得以与民共之,民之游者,环观无穷而终日不厌。"[①] 由此可见,众乐亭、月湖在当时已经成为宁波官民共赏的游览胜地。北宋元祐八年至绍圣年间(1093—1098 年),明州太守刘淑和明州知事刘珵,又先后对月湖进行拓展浚治。他们结合道家"三岛十洲"的仙境传说,以积土广为洲,遍植四时花树,奠定了著名的"月湖十洲"[②] 景观格局(图 4-18),基本完成园林景观营造。清代浙东史学家全祖望在《西湖十洲志》中就说:"鄞西湖之胜,至宋元祐间(1086—1094 年)而极盛。"

---

① 宁波天一阁明州碑廊所藏《众乐亭诗》。
② 十洲之中,湖中有"花屿""松岛"(后改名"竹洲")"柳汀""芳草洲"(后改名"碧沚")四岛,湖东有"竹屿""月岛""菊花洲"三岛,湖西有"烟屿""雪汀""芙蓉洲"三岛。

表 4-4　北宋宁波月湖园林景观营造活动统计表

吴越乾祐二年（949 年）	钱亿疏浚月湖，"洲岛为之四出"，湖中景观格局初具雏形
宋大中祥符五年（1012 年）	明州通判章郇在月湖北侧建"红莲阁"
宋天禧五年（1021 年）	僧蕴臻于湖中柳汀东西两侧分别建有东、西憧憧桥
宋庆历七年（1047 年）	鄞县令王安石在月湖西侧筑亭，被称为"荆公读书台"
宋嘉祐三年（1058 年）	郡守钱公辅筑堤植柳，营造柳汀，在憧憧两桥间修建"众乐亭"
宋元祐八年（1093 年）	刘淑、刘埕浚治月湖，以积土广为"十洲"，奠定月湖景观格局

表格来源：笔者绘制。

参考资料：刘琪琪，王欣. 宁波月湖古代城市公共园林流变研究 [J]. 风景园林，2018，25（1）：90-94.

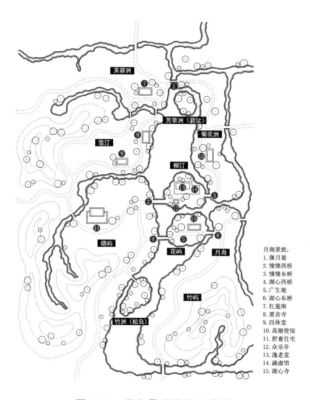

月湖景致：
1. 偃月堤
2. 憧憧西桥
3. 憧憧东桥
4. 湖心西桥
5. 广生堤
6. 湖心东桥
7. 红莲阁
8. 观音寺
9. 四休堂
10. 高丽使馆
11. 舒亶住宅
12. 众乐亭
13. 逸老堂
14. 涵虚馆
15. 湖心寺

图 4-18　月湖景观格局示意图

（图片来源：笔者改绘，参考刘琪琪、王欣的《宁波月湖古代城市公共园林流变研究》）

(2) 月湖文人书院讲舍创办。

北宋庆历年间（1041—1048 年），月湖园林化的同时，鄞县县令王安石在月湖竹洲创办县学，并邀请明州"庆历五先生"杨适、杜醇、楼郁、王致、王说前来任教讲学，广开宁波兴文重教之风。其中，楼郁在竹洲建有"正议楼公讲舍"，传道授业解惑三十余载，培养出丰稷、袁毂、舒亶等多位著名学者。宋室南渡之后，月湖更是成为文人、学者栖居的京畿后花园。南宋乾道年间（1165—1173 年），理学名家吕祖俭及沈焕、沈炳兄弟，在竹洲创办"沈端宪讲舍"，被后人称为"竹洲三先生"。淳熙年间（1174—1189 年），沈焕、杨简、袁燮、舒璘四人同在月湖讲学，也被称为"淳熙四先生"。其中，袁燮在竹洲将"正议楼公讲舍"辟为家塾，并更名为"城南书院"；杨简则在碧沚开讲院。此时的月湖，"四桥游人如云，而木铎之声相闻"[①]，学术氛围浓厚，学风为之盛极一时。后世明清之际，浙东学派代表人物中，黄宗羲晚年曾在月湖张家祠堂讲学，万斯同在月湖著书立说，全祖望则长期寓居竹洲并创建了"竹洲三先生书院"。

历代文人名士的云集，书院讲舍的创办，推动月湖逐渐成为浙东学府的中心（表 4-5）。即便今天，月湖竹洲依然是宁波二中校址，兴文重教之风一脉相承。

表 4-5　月湖书院讲舍及讲学名士统计表

书院讲舍	地点		讲学文人名士
鄞县县学	竹洲		"庆历五先生"——杨适、杜醇、楼郁、王致、王说
正议楼公讲舍	竹洲		楼郁——门生：丰稷、袁毂、舒亶等
沈端宪讲舍	竹洲		"竹洲三先生"——吕祖俭、沈焕、沈炳
城南书院	竹洲	袁燮	"淳熙四先生"——沈焕、杨简、袁燮、舒璘
碧沚讲院	碧沚	杨简	
张家祠堂	湖西		黄宗羲
竹洲三先生书院	竹洲		全祖望

表格来源：笔者绘制。

---

① 引至清朝戴枚，张恕的《鄞县志》，国家图书馆馆藏本。

(3) 月湖家族藏书楼阁迭起。

宋代,在兴文重教思想的孕育下,宁波科举取士数量之众达到历史的巅峰。既有"一门三宰相,四世两封王"的史氏宗族传奇,也有"满朝朱衣贵,尽是四明人"的地方佳话。这些"耕读传家"的甬上望族,将书文典籍奉若至宝。于是,家族之间藏书习俗蔚然成风,月湖之上各家藏书楼阁迭起(表4-6)。比如,宋代,史氏宗族史守之建藏书阁于碧沚,楼氏宗族楼钥建于竹洲的锦照堂东楼藏书万卷,二者南北并峙于湖上,人称"南楼北史"。明代,兵部侍郎范钦隐退之后,在月湖主持修建了天一阁,所藏典籍达7万余卷。今天,天一阁是中国现存最早的私家藏书楼,也是亚洲现有最古老的图书馆和世界最早的三大家族图书馆之一(图4-19)。月湖也因这些藏书楼阁的云集,成为宁波"书藏古今"文化特色的重要注脚。

表 4-6　月湖家族藏书楼阁

藏书楼阁	建设时期	地点	修建宗族
碧沚藏书阁	宋代	碧沚	史氏宗族——史守之
锦照堂东楼	宋代	竹洲	楼氏宗族——楼钥
天一阁	明代	湖西	范氏宗族——范钦

表格来源:笔者绘制。

图 4-19　月湖天一阁照片

(图片来源:笔者拍摄)

(4) 月湖宗教寺观祠庙发展。

在文人名士、甬上望族之外，佛道僧众在"以水悟禅""以水论道"的修行指引下，慕名云集于月湖周边，修建了众多寺观祠庙。历史上，月湖雪汀、花屿和芙蓉洲之上，曾分别建有观音寺、湖心寺和崇教寺（图 4-18），但均已不存于世。现存宗教建筑主要是柳汀之上自西向东依次分布的贺秘监祠（俗称湖亭庙）、佛教居士林和关帝庙（图 4-20）。贺秘监祠最早出现于宋绍兴十四年（1144 年），是为纪念"四明狂客"唐代诗人贺知章而建。佛教居士林始建于元世祖至元二十一年（1284 年），供地方佛教居士信众研习佛法、弘扬正信之用。关帝庙则始建于明崇祯三年（1630 年），与当地百姓民俗生活息息相关。此外，清康熙三十八年（1699 年）时，月湖西畔后营巷处还建有一座清真寺。本土的儒释道和外来的伊斯兰教，在这里和谐共处，体现出月湖海纳百川的包容性。

图 4-20　月湖居士林、关帝庙照片

（图片来源：笔者拍摄）

总而言之，宁波月湖作为"水利湖泊"而诞生，在历经"公共园林景观建设""文人书院讲舍创办""家族藏书楼阁迭起""宗教寺观祠庙发展"之后，最终成为湖城融合的"文化湖泊"。今天的月湖，作为宁波历史文化名城中保存最完整、遗存最丰富、文化最厚重的历史文化街区（图 4-21），依然是宁波府城一张靓丽的文化名片。这一"湖城融合"的形态关系，实际上也不只存在于宁波。在海侵地区杭州、南京、福州等其他历史城市中，同样广泛存在（图 4-22）。

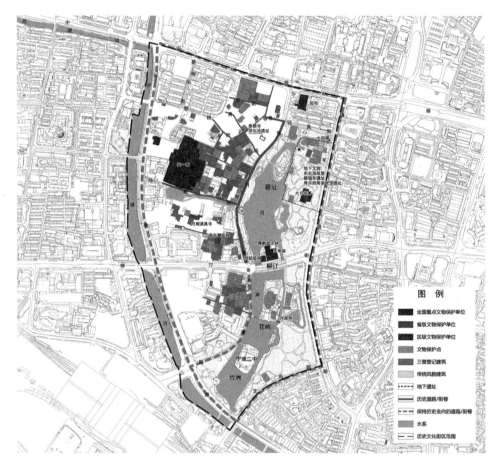

图 4-21　月湖历史文化街区遗存图

（图片来源：同济规划设计研究院于 2015 年编制的《宁波市历史文化名城保护规划》）

图 4-22　杭州、南京、福州"湖城融合"空间形态示意图

（图片来源：历史地图来自各地方志书）

2. 指状延伸的关街港市

位于三江口高地的宁波府城，既是大运河宁波段的出海港口，又是六塘河网络的集聚中心，运河网络四通八达。水运交通的集聚作用，促使水门城关、沿江码头等水运枢纽处逐渐形成商铺林立、百舸争流的商贸集市。对古代城市而言，运河网络的作用如同现代城市中的公路网和铁路网。它不仅是经济发展的动力引擎，同时也是空间生长的发生器。关街港市商贸空间不断沿运河网络线性延伸，以实现水运交通空间利用的最大化。比如，宋代时，在宁波府城三江口沿岸的东渡门与灵桥门之间形成了江厦街港市，在永丰门外姚江沿岸形成了北门关市，在望京门外西塘河沿线形成了西门关市，在长春门外南塘河沿线形成了南门关市。清代时，宁波府城空间开始跨江发展。其中，在甬江北岸沿线形成了老外滩租界港市，在灵桥门对岸中塘河、后塘河沿线形成了甬东市。这些关街港市以府城为中心，整体呈现出沿运河网络指状延伸的形态特征（图4-23）。

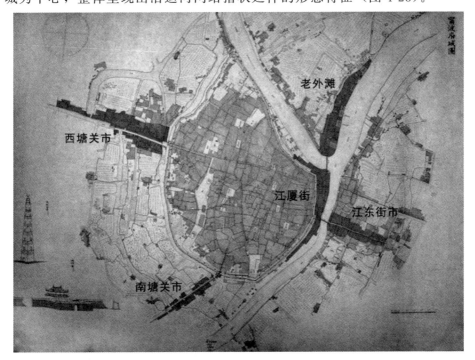

图 4-23　宁波府城指状延伸关街港市示意图

（图片来源：笔者改绘，底图来自微信公众号"老宁波"）

在社会变迁过程中，这些"因水而兴"的关街港市，在汽车时代也逐渐"因水而衰"。昔日百舸争流的水运盛况、人声鼎沸的商市盛景，早已成明日黄花。所谓"功能结束之日，记忆开始之时"[①]。水运功能剥离之后，关街港市作为水运时代物质见证的历史价值和文化意义方才凸显出来，逐渐为人们所重视。因此，关街港市中的历史建筑，纷纷成为文化遗产保护对象。比如，南塘老街上就遗存有澄怀学堂、惠庆医院、陈宅、余氏宗祠、袁牧之故居、同茂记商铺、袁氏建筑群、关圣殿、永善亭、甬水桥等文物保护点。老外滩也有众多文保建筑，包括全国文物保护单位——江北天主教堂，省级文物保护单位——邮政局旧址、浙海关、英国领事馆旧址、谢氏旧宅，区级文物保护单位——巡捕房旧址，文物保护点——通商银行旧址、宏昌源商号旧址、严氏民居、朱氏民居、中马路近代建筑群，三普登记建筑——侵华日军水上司令部旧址，等等。与此同时，南塘关街、老外滩港市也被整体划定为"南塘河历史文化街区"和"天主教堂外马路历史文化街区"，成为宁波历史文化名城保护的重要内容（图4-24）。

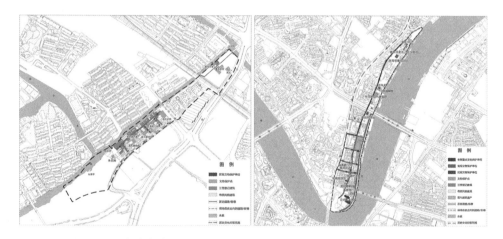

图4-24　宁波南塘河、天主教堂外马路历史文化街区文化遗产分布图

（图片来源：同济城市规划设计研究院于2015年编制的《宁波市历史文化名城保护规划》）

---

① 何依，邓巍，周浪浪. 功能结束之日，记忆开始之时——宁波老外滩整治规划[J]. 城市建筑，2011（2）：54-56.

三、缘海形态：捍城防汛，城塘合一护堤海塘

与其他几个历史城市相比，镇海县城位于甬江入海口，所处地缘环境具有枕江滨海的独特性。海潮侵袭的水文特性，孕育了其独一无二的"城塘合一"缘海形态。

历史上，镇海所在的沿海滩涂地区，常年遭受海潮侵浸倒灌农田、风浪侵袭损毁堤岸的困扰，因此，海岸沿线挡潮消浪的水利工程建设，成为地区生活生产、城市建设发展的先决条件。早在唐乾宁四年（897年），镇海县城以北的后海塘便已建成，横卧东海之滨。当时主要以土筑就，直至宋代方才改为石塘。南宋明州知府林栗在其《后海塘记》中记载："（后海塘）自候涛山（即招宝山）迤逦委宛以抵伏龙山，东西横亘数十里。"[①] 后海塘建成之后，后梁开平三年（909年），吴越王钱镠方才筑城于镇海。明洪武年间（1368—1398年），为统筹浙东防倭军务，明朝廷在此设置定海卫，县城空间得以拓展。北面直抵后海塘下，自巾子山往西，直至西北城角，城、塘完全融为一体；自巾子山往东，则由钩金塘连接招宝山，在县城北部沿海区域形成一气贯通的护城屏障。东面、南面扩至甬江沿岸，城外建有虎皮塘、土塘、沿江石塘、码头石塘等护堤固岸。县城空间整体形态呈梯形，"城塘合一护堤海塘"是其缘海形态的突出特征（图4-25）。正如地方志书所说"（城）负塘而筑""塘不固，城不立"。

民国以来，镇海县城空间发生了重大变化。东、南、西三面城池，先后被拆除，分别转变为城河东路、城河西路、苗圃路3条城市道路（图4-26）。但是，后海塘"城塘合一"的缘海形态特征，自明代开始延续了约600年。20世纪80年代，因镇海城区发展需要，后海塘以北先后新筑有"镇北""灰库"二塘。至此，悠悠千年的后海塘才终于结束了它"捍城防汛"的历史使命，与城市空间融为一体。今天的后海塘，以其"招宝山麓东连塘，寿昌公园下成荫"的自然风光，"巾子山前镇东海，孤臣一旅捍危城"的历史典故，成为镇海城区著名的休闲娱乐游览胜地和爱国主义教育基地（图4-27）。虽然从"护城屏障"转变为"游览胜地"，但古代劳动人民水利建设的历史记忆、镇海县城"城塘合一"的形态特征，仍然经年流转永固于后海塘的砖石、亭台、碑记之中。

---

① 朱道初. 镇海的千年后海塘和古县城 [N]. 宁波晚报, 2009-12-06.

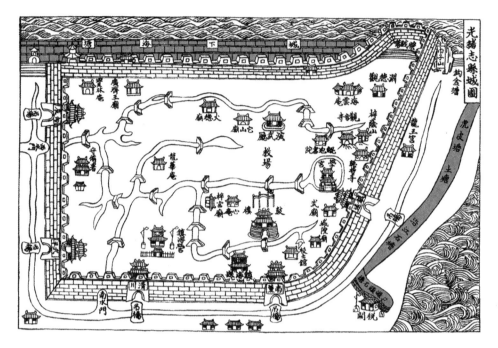

图 4-25 镇海县城"城塘合一"缘海形态历史地图

（图片来源：笔者绘制，历史底图来自镇海县志）

图 4-26 镇海历史城池现状示意图

（图片来源：笔者绘制，卫星底图来自谷歌地球）

图 4-27 后海塘景观

（图片来源：笔者拍摄）

第三节 历史村镇模式化缘水结构特征

与城市聚落相比，村镇聚落的空间发展过程更为短促，功能组织需求也相对简化。宁波平原上的村镇聚落，往往只需单一水利营建措施，就能完成缘水形态的空间组织。在相似的水文环境中，同一功能组织下的缘水形态，往往具有诸多共同特征。因此，本节根据筑防御、给排水、通航运、阻风浪、理风水的不同功能组织，对宁波平原历史村镇缘水形态的固有模式进行类型分析。

一、防御形态：天圆地方护村河

"筑防御"并非历史城市的专利，许多历史村镇出于防匪及防盗的需要，也纷纷营建防御空间。北方以堡寨为主，南方多仰仗护村河。对于传统乡土社会的宗族聚落而言，防御空间具有多重含义。它既是空间聚居单元的安全边界，也是日常生活单元的社会边界，还是族权治理单元的权力边界，故宗族聚落的防御空间营建相对更为普遍。

宁波地区，由于内部"水利宗族"发展与外部"移民宗族"迁入的相互作用，宗族组织十分发达。以宁波市现有的 72 个历史文化名村为例，其中单姓村①有 37 个（见本书附录中的附表 4-3），主姓村②有 24 个（见本书附录中的附表 4-4），几乎每一个宗族都曾建有完善的宗祠、族谱、族田组织体系。因此，宁波平原历史村镇聚落的防御空间组织十分常见，并且集中出现在平原南部区域。因为，宁波府城以北的姚江平原与江北平原，位于宁波、余姚、慈城、镇海"一府三县"之间。区域内河网水系作为大运河宁波段的重要组成部分，历来是船舶交通往来的必经之地。密切的内外交往，奠定了村镇聚落"农商并举"的生产形式和"开放包容"的空间形态。而府城以南的鄞西平原和鄞东南平原，历来是宁波重要的农业生产区。"以农为生"的宗族聚落，无论是文化心态还是社交范围，相比北部平原都更为封闭。因此，在聚落营建过程中，它们大多在平原河网基础上开掘护村河，以满足文化心理和功能组织的安全需求。尽管以防御功能为主，护村河实际上也兼具防洪排涝、交通运输、生活供水等多种功能。

以宁波市鄞州区姜山镇走马塘历史文化名村为例，陈氏宗族在宋代时自江苏长洲（今苏州市南境）迁至鄞南茅山东江之畔的走马塘。作为外来移民宗族，陈氏宗族在建村之初就十分重视聚居单元的独立性和安全性。于是，陈氏先祖巧妙地利用东江、君子河的自然水文条件，按照"天圆地方"传统宇宙观，将聚落四周水系挖掘连通，形成了东西长约 460 米，南北长约 430 米的护村"四方河"（图 4-28）。过去，村落内外交通出行全凭四方河上的吊桥，白天放桥以利通行，晚间收桥以河防匪、防盗。四方河与村中东邻漕、邵家漕、蟹肚脐、后王漕、徐家漕等漕浜互联互通，形成一个能蓄能泄的水系网络。在安全防御的同时，还能为村内居民生活洗涤、消防应急、舟楫交通、雨洪排泄等水利需求提供便利，可谓一举多得。直到今天，走马塘护村河依然保存完好，一如千年前的"方形"模样。

---

① 单姓村是指村中有一个占绝对优势的主要姓氏，即此姓氏占全村人口（或户数）的 50% 以上。

② 主姓村是指村中有一个占相对优势的主要姓氏，但此姓氏所占人口比例不及全村的 50%，或村中还有一些其他的大姓，但主要姓氏比任一其他大姓的比例仍多一倍以上。

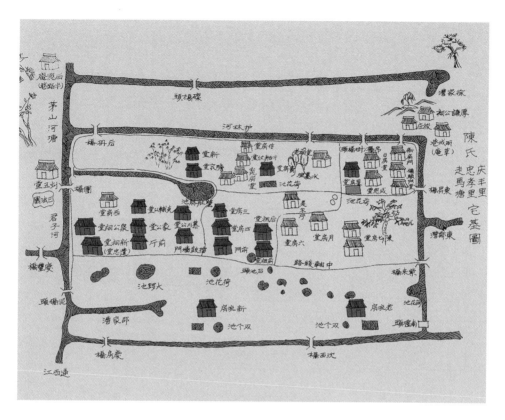

图 4-28　走马塘村历史地图

（图片来源：笔者绘制）

在"天圆地方"宇宙观和理水营建便利性的双重影响下，"四方护村河"成为宁波平原历史村镇防御形态的主要形式。除走马塘之外，鄞东南的西坞、龙潭墩、东陈、黎山后、孙家庄、墙弄、定桥等村镇聚落，也都开掘形成了"四方护村河"（表 4-7）。值得注意的是，"四方护村河"并不是海侵地区历史村镇聚落防御形态的唯一形式。在珠江三角洲等其他海侵地区，还存在中央高地建村、四周低地挖塘的"圆形护村涌"防御形态，如广东肇庆高要的蚬岗八卦村和黎槎八卦村等。

表 4-7 宁波平原"四方护村河"防御形态

村落	走马塘村	西坞村	龙潭墩村	东陈村
宗族	单姓陈氏	单姓邬氏	—	单姓陈氏
护村河				
卫星图				
村落	黎山后村	孙家庄村	墙弄村	定桥村
宗族	—	单姓孙氏		
护村河				
卫星图				

表格来源：笔者绘制。

资料来源：谷歌卫星图。

二、给排形态：八卦水系引水渠

海侵地区平原河网交错如织，在缘水发展的历史村镇聚落中，居民日常生活用水基本都能就近满足，无须通过人工理水措施引水到户。但是，少数选址于山前坡地的村镇聚落，由于地形地势原因，必须通过人工修筑给排水网，才能形成"庭前院后沟渠过，家家户户有活水"的用水局面。受中国"天人合一""道法自然"传统哲学观念的影响，一些历史村镇聚落在规划、修建给排水网时，往往在文化形式或空间形态上"分阴阳、定五行"，以呼应宇宙万物时空关系的意象符号——八卦，从而形成"八卦水系"给排形态。宁波地区水源充沛，需要理水营建给排网络的历史村镇并不多见。以"八卦水系"著称于世的，仅有宁海县前童古镇这一孤例。

前童古镇是一个起源于南宋的童氏单姓聚落，东有塔山、西有鹿山、北有梁皇山，梁皇溪与白溪二水环绕。这样一个"山环水绕、围而不塞、藏风得水"的宜居之地，却也因为聚泄水快，时常面临无水可用的困扰。明代正德四年（1509年），为解决聚落生活、生产的用水难题，童氏先祖童濠率族于白溪流水中修建杨柳洪砩，堵砩引水。砩通沟、沟通洫、洫通浍，通过十余里长的砩渠将白溪之水灌入百渠千沟，灌溉农田达2000余亩。白溪之水入村时，童濠根据村落地形走势，依循"太极生两仪、两仪生四象、四象生八卦"的原理，将引水渠一分二、二分四、四分八，随形就势筑成"八卦水系"（图4-29）。自此之后，前童古镇内潺潺流水穿街绕巷，院里院外人水相依，独有一番"小桥、流水、人家"的水乡韵味（图4-30）。为保护"八卦水系"的用水环境，童氏宗族对取水、排水的时空次序进行严格规定，以满足日常生活中雨污分离的要求，以及饮用、炊事、洗涤等不同活动的分质供水需求。除此之外，童濠还创建了水利管理维护的长效机制。他将族内水利受益者编为十组，将引水渠也分为十个部分，每部分水渠由一个组负责定期疏浚维护。

可以说，"八卦水系引水渠"的理水营建，奠定了前童古镇700多年历史长盛不衰的坚实基础。童氏族人感念先辈理水建村遗惠于民，将率众治水的先祖童濠称为"濠公老爷"，并于每年正月十四至十六举办元宵抬阁灯会，以纪念濠公开渠凿砩、引水溉田的功德，同时也为聚民心修水利、祈愿年景丰收。

图 4-29 前童古镇八卦水系形态

(图片来源:李红艳.地域主义下的历史古镇文化传承解析——以宁波市宁海县前童古镇为例[J].
建筑学报,2013(S1):18-23)

图 4-30 前童古镇水系生活照片

(图片来源:笔者拍摄)

三、水运形态：一字长蛇商业街

在舟车楫马的越地宁波，水运交通对于历史村镇商市发展的重要性不言而喻。所谓水运兴，则百废俱兴，水运衰，则百业凋零。正因如此，宁波平原历史上曾开凿修筑众多水运航道。许多历史村镇也因"通航运"的水利营建措施，改变了自身发展命运，成为水运基层市场中的经济中心地。

以镇海区甬江北岸庄市街道为例，直到明代，庄市地区仍然不通水运，仅在村南罗祖庵（后改建为崇正书院）至村东北横河堰一带，分布有9个大小不一的水漕，呈直线有序间隔排列，首尾距离约1千米，合称"九龙漕"。清康熙五十八年（1719年），为促进庄市商贸发展，当地士绅发起通航治水活动。经过三年多的努力，将九龙漕依次贯通形成庄市河，并与周边水网互联互通。庄市河道由此成为宁波与镇海之间甬江水道的避潮支线，众多大小商船都经此往来两地之间。在水运交通的推动下，村内庄市河道两侧逐渐形成商业街市（图4-31，图4-32）。奉化和慈溪的蘑菇、冬瓜、青菜，河头和汶溪的木柴，余姚的碗盆等商品，通过一条条商船云集于此。市肆繁盛的庄市河街中，有染坊、制鞋店、轧米厂、打铁店、棺材店、当铺、剃头店、点心店、南货店等商铺，各行各业应有尽有。这条清初伴随水利通航而出现的庄市河街，逐渐成为镇海县最繁荣的商市中心，并推动庄市踏上近代工商业发展之路[①]，成为著名的宁波帮甬商故里。与庄市相似，宁波基层市场体系中的其他经济中心地，无不因为水运交通的集聚作用，围绕水运河道或水运码头，形成缘水发展的"一字长蛇商业街"。从缘水形态来看，"一字长蛇商业街"的平面空间形式，主要有"河街"和"渡头街"两类。

河街，即滨河缘水的"一字长街"，小型水运码头及商市店铺均沿河岸带状延伸。这其中，商业街市集中于河道单侧，以"河—街—店"空间顺次并行分布的，被称为"临河街"，如奉化西坞的东街和西街、东钱湖莫枝老街等；商业街市分散在两侧，水运河道穿行于街市之中，以"店—街—河—街—店"空间顺次并行分布的，被称为"夹河街"，如黄古林老

---

① 俞珍芬. 人文庄市[M]. 北京：中国文史出版社，2007.

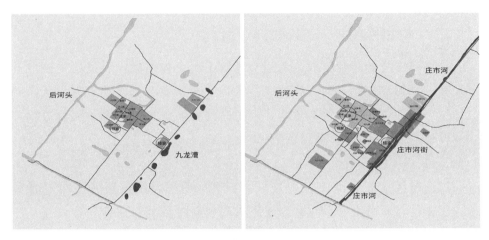

图 4-31　庄市河街发展过程示意图

（图片来源：华中科大城市规划设计研究院于 2018 年编制的《镇海庄市老街历史地段城市设计》）

图 4-32　庄市河街现状照片

（图片来源：笔者拍摄）

街、庄市河街、贵驷老街等；商业街市位于河道单侧，并与之相隔，以"河—店—街—店"空间顺次并行分布的，被称为"背河街"，如府城长春门外的南塘老街（表 4-8）。

表 4-8　历史村镇聚落河街水运形态

类型	空间模式	断面形式	典型案例	
临河街	村／河／背河街／村	店—街—河	莫枝老街	

续表

类型	空间模式	断面形式	典型案例
夹河街		店—街—河—街—店	庄市河街
背河街		店—街—店—河	南塘老街

表格来源：笔者绘制。

渡头街，即发端于较大型渡口码头的"一字长街"，按"河道—码头—长街"的空间顺次衔接。从长街与村镇聚落的空间关系来看，渡头街主要有"市村分离"与"市村融合"两种不同形式。姚江、甬江、奉化江两岸，村镇聚落因规避海潮、洪涝水患需要，往往离岸选址发展。村居空间因而与码头相隔，市村分离，这种情况下渡头街大多沿水岸延展，如姚江两岸半浦、车厩的渡头街，以及东钱湖下水的官驿河头等。六塘河等其他小河沿线，村镇聚落直接依水而生。村居空间与渡口一体，市村融合，此时的渡头街往往垂直于水岸，向聚落纵深延展，如横街凤岙老街、姜山走马塘老街、东钱湖韩岭老街、宁海东岙老街等（表4-9）。

表4-9 历史村镇聚落渡头街水运形态

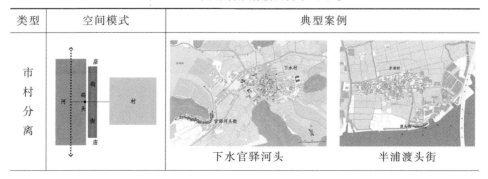

类型	空间模式	典型案例	
市村分离		下水官驿河头	半浦渡头街

续表

表格来源：笔者绘制。

四、护堤形态：串珠岛链止水墩

宁波平原历史上海迹湖泊密布，孕育了一大批内湖渔村。出于渔业生产行舟、泊船的安全需要，渔村外通常建有防波堤水利设施，以创造风平浪静的渔港环境，从而形成聚落空间缘水发展的"护堤形态"。

以东钱湖为例，在湖域历史村镇聚落中，湖西溢流区的钱堰头、殷湾、莫枝、建设、陶公、利民、大堰、郭家峙等渔村，以及湖东汇水区的韩岭、下水两个水运枢纽聚落，都在村外湖面建有岛状防波堤，当地称之为"止水墩"（图4-33）。止水墩基本都是在聚落发展早期，由当地渔民人工堆土而成。它们平行于湖岸有序间断分布，其上遍植杨柳、松柏以做防风之用。如此一来，止水墩犹如一条岛链屏障防风阻浪，掩映着渔村内部风平浪静的港湾，为渔船停泊、出入、作业以及渔民生活洗涤提供安全的环境。在规模较大的止水墩上，甚至还有晾晒渔具、鱼鲞的晒场，以及暂时存储、养殖鱼虾湖鲜的鱼塘。在东钱湖水利发展进程中，有的止水墩因维护不善，逐渐损毁淹没于湖面之下，如钱堰头止水墩、下水止水墩。有的止水墩则历经修缮整治，延存至今。这其中，当属殷湾村和陶公三村的止水墩规模最大、保存最完整。

殷湾村历史上共建有6处止水墩，沿岸线间断环布于村西、村南的湖面之上。其中，东侧靠外规模较大的止水墩主要作为鱼鲞制作的晒场之用，并通过石桥与村内相连（图4-34）。内湖渔业发展最盛时，止水墩内渔港夜泊船只鳞次栉比，甚至留下"殷湾渔火"的美丽传说。陶公三村历史上曾建有5处止水墩，环绕陶公岛次第分布。其中，北面的曹家湾止水

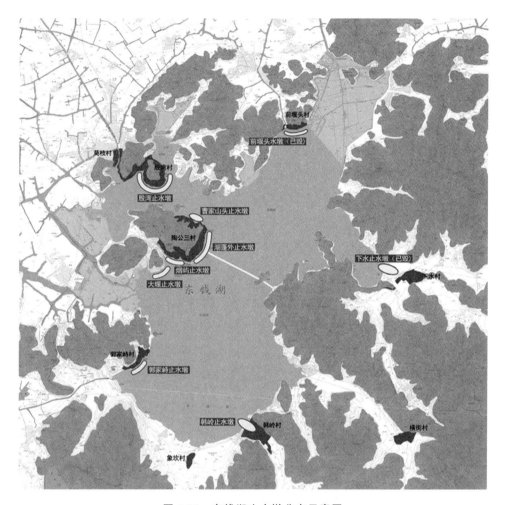

图 4-33　东钱湖止水墩分布示意图
(图片来源：华中科大城市规划设计研究院于 2015 年编制的《东钱湖传统村落空间特色研究》)

墩和史家湾止水墩规模较大，长达 200～300 米，宽度在 20～30 米。但由于建设维护不力，久经湖水风浪冲刷侵蚀之后，早已没入湖面之下。现存的井头湾止水墩、烟屿止水墩以及湖蓬外止水墩，在东钱湖景区建设中通过陶公湖路连为一体（图 4-34）。规模最大的湖蓬外止水墩经过景观环境改造之后，成为"湖心八景"的"眠牛山市"广场，兼具接待、停车等旅游服务功能。无论如何演变，止水墩防浪护堤的水利功能始终得以延续，使殷湾村和陶公三村得以坐拥山光湖色的美丽人居环境。

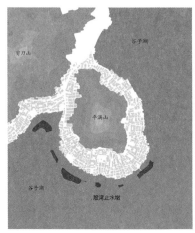

图 4-34　殷湾村、陶公三村止水墩分布示意图及照片

（图片来源：殷湾村（左上）、陶公三村（右上）止水墩分布示意图由笔者绘制，殷湾村照片（左下）由宁波市测绘设计研究院提供，陶公三村照片（右下）来自网络）

五、风水形态：凤凰方砚风水池

在古代中国的农业社会中，水的多寡直接影响着农业生产的丰歉，因而被赋予象征财富的文化意义，并逐渐形成宗族聚居"得水为上""聚水生财"的人居风水观念。因此，许多宗族聚落在空间组织过程中，按照"理风水"的文化逻辑，在村中、院前挖筑风水池，形成历史村镇围水而居的文化形态。

聚落中心的风水池，一般规模较大，非举族之力不可完成。风水池常与宗祠、庙宇等公共建筑结合，成为宗族文化精神交流和聚落社会交往的中心场所。宁波平原历史村镇聚落中的建设风水池的现象并不多见。因为，从宏观层面的水文条件来看，水利营建后的宁波平原，整体上已经是一个"聚水生财"的理想人居环境。目前已知挖筑有风水池的历史村落仅有 8 个，主要分布在江北平原一带，包括江北区庄桥街道的马径村、费市村、苏冯村，洪塘街道的洪塘村、上沈村，镇海区庄市街道的庄市村，骆驼街道的田湖村以及东钱湖镇的韩岭村。究其原因，是因为江北平原缺乏与"三江"网络相区隔的塘河水利系统，村落用水条件受旱涝水情、海潮溯涌影响较大。因此，历史村落空间组织需要借助风水池引流汇水、蓄淡阻咸等现实功能，弥补区域用水条件的不足。院落风水池规模则相对较小，一般与院落主入口相对，形成"一院一池"的空间组合关系。比如前文提及过的陈氏走马塘村，在历史上，其四方河内院落前后广开风水池，遍植荷花，并取其"出淤泥而不染"和"刚正不阿"之意，引以为"族花"。据陈氏家谱记载，最多时村内有院落风水池七十二口，其中最大的中新屋荷花池千年不败，呈现出一幅"接天莲叶无穷碧，映日荷花别样红"的美丽景象（图 4-35）。

图 4-35　走马塘村中新屋风水池照片

（图片来源：笔者拍摄）

风水池的空间形态，有自由形态和几何形态两种。自由形态通常是自然水体原始形态，俗称"乾坤池"。几何形态则经由人工挖筑，样式多变，各有不同的文化寓意（表 4-10）。宁波历史村落中的风水池，形态同样各有不同，有的像卵形，如马径村；有的似梯形，如上沈村；还有的若多边形，如洪塘村和走马塘村。但是，由于受到地方科举取士历史传统、宗族耕读传家文化精神的影响，表征"登科进禄"文化意涵的方形凤凰砚池最为普遍，包括韩岭村、庄市村、费市村、苏冯村、田湖村。这些风水池基本都保存完好，延续着历史村落"围水而居"的风水形态（表 4-11）。

表 4-10　风水池形态及文化寓意

名称	锦鳞池	麒麟池	洗马池
形态	圆形	半圆形	环扇形
寓意	衣锦华贵	人才辈出	—
样式	○	◡	⌒
名称	凤凰池，也叫砚池	子孙池，又叫鲤鱼池	玉堂池
形态	方形	凸月形	元宝形或船形
寓意	登科进禄	多子多孙	富贵阔达
样式	□	⌒	⌒

参考资料：林卫新，李建军. 潮汕地区村落风水池的应用探讨 [J]. 广州大学学报（自然科学版），2017，16（4）：60-64.

表 4-11　历史村镇聚落风水池缘水结构

马径村（卵形）	上沈村（梯形）	洪塘村（多边形）

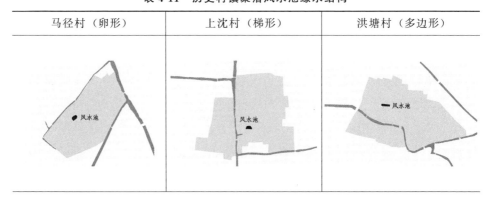

续表

走马塘村（多边形）	韩岭村（方形）	庄市村（方形）
荷花池	太平池	风水池
费市村（方形）	苏冯村（方形）	田湖村（方形）
风水池	风水池	风水池

表格来源：笔者绘制。

第五章　水利信仰中聚落精神场所的亲水形态

就微观尺度而言，城乡历史聚落中以水利为中心的场所空间，既包括日常洗涤的生活场所，也包括行船捕捞的生产场所，还包括祭祀供神的精神场所等多种类型。这其中，生活、生产场所作为一种功能性存在，在社会发展过程中具有"不稳定性"。精神场所，作为一种依附水利信仰的文化性存在，具有跨越时空的相对"稳定性"。即便是在城乡历史聚落空间出现异化、模糊化的今天，精神场所依然能识、可读、有意义。因此，本书在场所层面的形态研究，主要围绕水利信仰中的精神场所展开。

"水利信仰"是在水利社会中，民众以"水利"为核心自发形成的一套神灵崇拜观念。它存在于地方民众的生产、生活实践当中，是一种集体性的社会习惯记忆[①]。作为社会记忆的水利信仰，既包括"存储"社会记忆的客体要素，也包括"传递"社会记忆的主体要素。因此，水利信仰既是一种现实的物质客体，也是一种抽象的文化意涵，包括祭祀空间系统、仪式体化系统、文本符号系统三个部分。其中，祭祀空间系统以水利崇祀庙宇为代表，与特定水利工程、事件、人物相关联，是水利社会记忆的物化形式。仪式体化系统，包括宗教活动、民俗庆典等不同形式，通过地方民众的现场参与实现社会记忆的再现与传递，体现了水利信仰的实践本质。文本符号系统，包括传奇故事、诗词歌谣等语言文字信息。它是水利信仰的隐性表达，在时空变迁过程中经过不断编码、更新，体现了水利社会记忆的时代性。

本章所谓"亲水形态"，是指亲近水利的形态关系，既包括物质层面的亲水空间形态，也包括非物质层面的亲水文化形态。研究内容将从祭祀空间系统、仪式体化系统、文本符号系统三个层面展开，以探讨水利信仰与聚落精神场所在物质、非物质两个方面的内在关联性。

---

① 侯亚伟. 集体记忆与民间信仰［J］. 理论与现代化，2012（4）：54-59.

第一节　水利伴生的祭祀空间系统

与广义上的"水神信仰"相比，"水利信仰"更为突出水利建设的社会实践本质。因此，水利信仰的崇祀庙宇，必定源起于治水过程，并与水利设施相伴相生。因此，农业社会中广泛存在的河神、海神等自然水神崇祀庙宇，以及龙王、圣母等人格水神崇祀庙宇，由于在水利实践环节的缺失，并不在祭祀空间系统的研究范围之列。

一、水利单元与祭祀范围的耦合

水利信仰的表现形式，主要有"水利设施"神化和"治水人物"崇祀两种。前者相对少见，后者更为普遍，比如四川都江堰就建有二王庙，奉李冰父子为神，供地方百姓祭祀。这一神格人信仰形式的出现，主要源于古代中国农业社会对悲天悯人道德情操和经世致用献身精神的崇尚[①]。受此影响，水利信仰祭祀范围与地方官吏的治水范围、水利工程受益范围密切相关。

1. 宁波地方官吏的水利贡献

俗话说，"水利兴则天下定、仓廪实、百业兴"。在古代农业社会中，水利兴修历来是地方官吏治国安邦、造福于民的大事，海侵地区尤其如此。宁波水利事业的发展，离不开历任地方官吏的重视和支持。他们既是水利事业发展的规划者，也是水利建设管理的组织者，还是水利利益纠纷的协调者。历史上，宁波几乎所有重要水利工程背后，都有地方官吏的巨大贡献。遍览鄞州、余姚、慈溪、镇海、奉化、象山 6 县市的水利志可以看到，自唐以来有详细记载的治水官吏就多达 84 人（表 5-1），其中尤以唐代王元炜、北宋王安石、南宋吴潜为典型代表。

[①] 闵长虹，沈薇. "人格神"与"神格人"的价值取向差异 [J]. 盐城师范学院学报（人文社会科学版），2010，30（1）：52-55.

表 5-1　宁波各历史县市治水官吏统计表

县市	朝代	治水官吏	县市	朝代	治水官吏	县市	朝代	治水官吏
鄞县	唐代	王君照	鄞县	民国以后	谢伟炽	奉化	元代	李枢
		陆南金			张伯觐		明代	钱璠
		储仙舟			郑胜丕		清代	钟有闻
		任侗			丁鸿森			庄崧甫
		于季友	余姚慈溪	北宋	谢景初	象山	北宋	任永德
		王元炜		南宋	施宿			叶授
	五代	钱亿		元代	叶恒		南宋	宋砥
	北宋	李夷庚		民国以后	吴锦堂			赵彦逾
		王安石			娄溥礼			许知新
		吕献之	镇海	南宋	唐叔翰			赵善晋
		张岘			施廷臣			凌傅
		虞大宁		明代	宋继祖		明代	夏津
		龚行修			何愈			吴学周
	南宋	赵恺		清代	王元士		清代	马受曾
		程覃			牟大寅			张绣
		胡榘			黄官柱			史鸣皋
		陈垲			王梦弼			葛建椿
		吴潜	奉化	南朝	谢凤			吴锡畴
	明代	沈继美		唐代	陆明允			刘宗藩
		沈犹龙			赵察			程和
	清代	朱士杰		五代	嗣宗			叶元芳
		朱励治			布袋和尚			吴承善
		杨懿		北宋	萧世显			苏良彝
		段光清			周因			易镜清
	民国以后	张申之		南宋	仇愈		民国以后	李芳
		董开颜			刘涛			传常和尚
		马生成			冯多福			钱文
		施求臧		元代	马称德			张智中

表格来源：笔者绘制。

参考资料：《鄞县水利志》编纂办公室．鄞县水利志［M］．南京：河海大学出版社，1992．

《余姚市水利志》编纂委员会．余姚市水利志［M］．北京：水利电力出版社，1993．

《慈溪水利志》编纂委员会．慈溪水利志［M］．杭州：浙江人民出版社．1991．

《镇海县水利志》编纂委员会．镇海县水利志［M］．杭州：杭州大学出版社．1994．

《奉化市水利志》编纂办公室．奉化市水利志［M］．北京：现代出版社，1994．

《象山水利志》编纂领导小组．象山水利志［M］．[出版地不详]，1993．

(1) 王元炜——功成它山堰，灌溉鄞西平原。

唐太和七年（833年），王元炜赴任明州鄞县令。当时，鄞县鄞江之水与海潮相接，但凡咸潮上溯便"民不能饮，田不能灌"，地方百姓生活、生产深受其害。鄞县治小溪（今鄞江镇）位于四明山缘，每到春秋多雨之际，山洪水涝如注，严重危及百姓生命财产安全。与此同时，明州城也常常饱受缺水之苦，城市发展规模受到限制。

王元炜作为地方父母官，同时也是一个水利专家，心悬黎民，决心解决水患。他"历览山川，相地高下"，发现大溪（今樟溪）之南沿溪皆山脉连亘；其北为平地，直至鄞江镇西首才有小山（它山）凸起，二山夹流，其北又可引流入河。于是他选此水道咽喉之处，兴筑它山堰以蓄淡、阻咸、引水、泄洪，终成千古功业（图5-1）。它山堰长134.4米，宽4.8米，堰面用长4～5米、宽0.5～1.4米、厚0.2～0.35米的条石砌筑，堰身中空，堰顶溢流①。堰体向下游有五度的倾斜，提高了水平抗滑能力；堰内筑有黏土夹砂层，提高了堰坝的防渗性；纵截面采用梯形设计，更能抵抗江水冲刷②（图5-2）。其工程设计与现代水利建设原理不谋而合，足可见王元炜水利建设的精妙智慧。它山堰筑成之后，堰上水涝时七分入江，三分入溪，以利泄洪；旱时则三分入江，七分入溪，以供灌溉。入溪之水由南塘河引流，经鄞西平原注入明州城内的日月二湖。不仅鄞西七乡农田免去咸卤浸田之苦，明州城也得以满足用水之需。宋朝的魏岘在《四明它山水利备览》一文中赞其曰："由是溪江中分，咸卤不至，清甘之流，输贯诸港。入城市，绕村落，七乡之田，皆赖灌溉……民食之所资，官赋之所出，家饮清泉，舟通货物，公私所赖，为利无穷。"③

它山堰与都江堰、郑国渠、灵渠一起，并称为中国古代四大水利工程。它的出现极大地推动了宁波城乡历史聚落的发展，也奠定了宁波后来千年发展的坚实基础。直到今天，它山堰仍在发挥蓄淡、阻咸、引水、泄洪的重要作用。这一开天辟地的伟大水利工程，与王元炜亲躬爱民的治世精神和因地制宜的治水智慧密不可分。

---

① 陈醉，于玲玲. 它山堰：不老的水利设施[N]. 浙江日报，2010-07-02.
② 方向明. 它山堰与王元炜[N]. 宁波日报，2013-08-10.
③ 黄文杰. 溯源宁波七千年水利文化[J]. 宁波通讯，2013(10)：10-29.

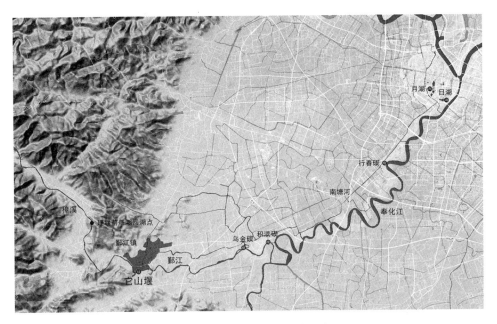

图 5-1　它山堰水利工程系统示意图

（图片来源：笔者绘制）

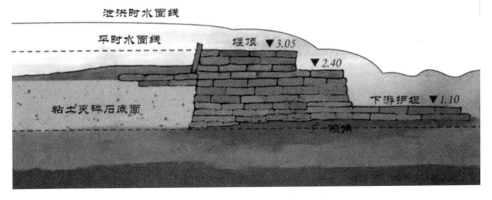

图 5-2　它山堰水利工程截面示意图

（图片来源：《中华治水故事》动画，2015.）

(2) 王安石——浚治东钱湖，辐射鄞东七乡。

北宋庆历七年（1047 年），时年 27 岁的王安石赴任鄞县县令。上任之时，枕江滨海的鄞县恰逢大旱，令百姓愁苦不堪。满怀雄才之略、济世之志的王安石，深感水利乃民生之关键，于是决定对鄞县水利建设和农业生产进行田野调查，以尽快熟知民情、水情。

在《鄞县经游记》一文中，王安石详细记述了自己前后十二天的旅程："庆历七年十一月丁丑，余自县出，属民使浚渠川，至万灵乡之左界（今邱隘镇），宿慈福院。戊寅，升鸡山（今五乡镇），观碶工凿石，遂入育王山，宿广利寺（今阿育王寺），雨不克东。辛巳，下灵岩，浮石湫（今大碶镇）之壑以望海，而谋作斗门于海滨，宿灵岩之旌教院。癸未，至芦江（今柴桥镇），临决渠之口中，转以入于瑞岩之开善院，遂宿。甲申，游天童山，宿景德寺（今天童寺）。质明，与其长老瑞新上石望玲珑岩，须猿吟者，久之而还，食寺之西堂，遂行，至东吴（今东吴镇），具舟以西。质明，泊舟堰下（今东钱湖镇），食大梅山之保福寺庄，过五峰（今横溪镇），行十里许，复具舟以西，至小溪（今鄞江镇）以夜中。质明，观新渠及洪水湾，还食普宁院。日下昃，如林村（今横街镇）。夜未中，至资寿院。质明，戒桃源、清道（今高桥镇）二乡之民以其事。凡东、西十有四乡，乡之民毕已受事，而余遂归云。"① 可谓一路日夜兼程，风餐露宿。王公塘、穿山碶等日后修建的重要水利工程，也早已在调研途中谋定在案。

结束考察之后，王安石即刻完成鄞县水利治理报告，即《上杜学士言开河书》，以陈述水利之要。他不仅准确判断"今之邑民最独畏旱，而旱辄连年，是皆人力不至，而非岁之咎也"的水利困境，而且大胆提出了"宜乘人之有余，及其暇时，大浚治川渠，使水有所潴，可以无不足水之患"②的解决方略，制定治水规划兴修水利。仅庆历七年（1047年）这一年，鄞县全县兴修的水利设施就多达21处。这其中最重要的，莫过于鄞东南的东钱湖。他组织和率领鄞县百姓，立湖界、挖湖床、筑堤堰、决陂塘、设碶闸、除葑草，限湖水流出，阻咸卤涌入，解除了东钱湖域"三县七乡"百姓的水旱之苦。东钱湖重新成为万顷良田的生命之源，"虽大暑甚旱，而卒不知有凶年之忧"③。

---

① 蔡罕.王安石治鄞及其四明情怀——从《鄞县经游记》谈起[J].浙江学刊，2011（4）：58-62.

② 王安石.上杜学士言开河书[M]//李之亮.王荆公文集笺注.成都：巴蜀书社，2005：1315.

③ 蔡罕.王安石治鄞及其四明情怀——从《鄞县经游记》谈起[J].浙江学刊，2011（4）：58-62.

(3) 吴潜——贯通管山江，连通慈鄞定。

南宋宝祐四年（1256年）至开庆元年（1259年），吴潜以观文殿大学士授沿海制置使主政庆元府（即宁波）。作为治理经验丰富的老臣，同时也是一个公认的水利专家，吴潜一上任就把工作重心投向水利事业。他曾在书房中手书对联"数茎半黑半丝发，一寸忧晴忧雨心"，其治理水患的殚精竭虑不言自明。

上任伊始，吴潜便在鄞江它山堰以北修筑洪水湾塘三坝，阻隔南塘河与鄞江，进一步完善它山堰水利工程外泄江潮、内蓄淡水的综合功能。同时，在明州府城内，从水仙庙望春桥至高桥西渡塘路，他还修砌了长约12.2千米的"吴公塘"。第二年开始，整治完善碶闸堰坝的水利工作在宁波各乡全面展开，如南乡陈婆渡建有栗木碶，西北高桥乡建有大西坝、北郭碶，府城长春门外奉化江北岸重建有澄浪堰。这些碶闸堰坝连通府城内外水系，不仅具有蓄淡阻咸、泄洪排涝的治水功能，而且可以过船通航，满足水运之需。澄浪堰历经近800年的历史沧桑保存至今，成为宁波市历史城区现存最古老的水利航运设施。这之后，吴潜又在慈江、江北大河、中大河三江口修建化子闸，并开凿管山江贯通慈江，以断咸、蓄淡、泄洪、引灌。自此之后，鄞县、慈溪、镇海三地原本饱受海潮侵袭、水患无常的咸卤之地，成为旱涝保收的十万亩良田。1259年，吴潜又于府城海曙楼前平桥下设立水则碑，建立和完善了区域水利设施启闭管理的标准和制度。在《平桥水则记》碑文中，"余三年积劳于诸碶，至洪水湾一役，大略尽矣"，道尽了他治水宁波的艰辛与不易。

据历史学家统计，吴潜主政宁波三年期间，共主持治理了46条河道，修建了6座堤坝、6座碶闸，水利工程数量和规模历代无人能及[1]。宁波地方志书赞其功绩曰："大使丞相吴公治鄞三年，瘝瘝民事，凡碶闸堰埭，某所当创，某所当修，某所当移，见于钧笔批判者，皆若身履目击，每一令下，民未尝不感公博济之仁、周知之智也。"[2] 相传吴潜离任宁波之时，地方百姓"匍伏挽留，热泪相送"。时至今日，宁波人追忆往昔，依然对其心怀感激、敬仰，称其为"实实在在做事的父母官"。

---

[1] 陈鸿. 吴潜：创造多个"宁波第一"的南宋地方官[N]. 宁波晚报，2012-03-11.
[2] 引自宋朝梅英发的《开庆四明续志·卷三·水利》。

2. 水利崇祀庙宇分布的单元特征

以王元炜、王安石、吴潜为代表的历任治水官吏，在宁波水利事业发展过程中，发挥了中流砥柱的作用。地方百姓感念其勤政爱民之德、造福一方之功，纷纷为其立祠、建庙，祈愿护佑风调雨顺、安居乐业。据不完全统计，宁波各历史县市水利崇祀庙宇多达89座（表5-2）。

表 5-2　宁波各历史县市水利崇祀庙宇统计表

县市	庙宇	崇祀官吏	相关水利	位置及相关信息
鄞县	遗德庙	王元炜	它山堰	它山堰北它山之上，也称它山庙、善政祠
	新它山庙	王元炜	它山堰	鄞江镇柴家，由遗德庙分建，旧在里石潭
	里它山庙	王元炜	它山堰	龙观乡桓村
	浮石塘庙	王元炜	它山堰	新庄村，由村内周氏家族所建
	东王君庙	王元炜	它山堰	横溪镇禄广桥村旗山南，俗称横溪庙
	西王君庙	王元炜	它山堰	横溪镇前岙西
	石塘庙	王元炜	它山堰	高桥岐阳石塘村
	天兴庙	王元炜	它山堰	洞桥镇洞桥头村，王元炜之行祠
	乌金庙	王元炜	乌金碶	洞桥镇上水碶村乌金碶旁
	它山庙	王元炜	它山堰	镇海区北半里
	它山庙	王元炜	它山堰	余姚市城南
	它山庙	王元炜	它山堰	慈溪市观城镇
	它山庙	王元炜	它山堰	宁海县城
	东设坛庙	王元炜	它山堰	鄞江镇芸峯村下木坑
	童君庙	王元炜、童义	它山堰	鄞江镇王家潭西，王家汇山南麓
	童君庙	王元炜、童义	它山堰	龙观乡雪岙村
	童君庙	王元炜、童义	它山堰	龙观乡里岙村
	童君庙	王元炜、童义	它山堰	龙观乡大路村

续表

县市	庙宇	崇祀官吏	相关水利	位置及相关信息
鄞县	童君祖庙	王元𬀩、童义	它山堰	洞桥镇宁锋宝峰庄三江口
	童君上庙	王元𬀩、童义	它山堰	洞桥镇宁锋乡树桥头
	上李君庙	李均	它山堰	洞桥宁锋百梁桥,李均助王元𬀩修堰有功
	李兵马司庙	李均	它山堰	洞桥镇宁锋后周
	新丰庙	李均	它山堰	洞桥镇宁锋梁桥,旧在罗家漕
	任君庙	任侗	广德湖	钟公庙灵佑桥西北,俗称火烧庙
	白鹤山庙	任侗	广德湖	广德湖白鹤山麓
	白鹤山新庙	任侗	广德湖	集士港镇六朵树村
	遗爱庙	历任治湖官吏	广德湖	广德湖白鹤山庙右,供祀王元𬀩、任侗、钱亿、王安石、舒亶、王廷秀等十几位有功于广德湖的治水官吏
	栎木庙	张峋	广德湖	江东栎木巷
	丰惠庙	楼异	广德湖	集仕港镇丰成村庙桥头,俗称楼太师庙
	嘉泽庙	陆南金、李夷庚	东钱湖	东钱湖堤旁青山岙外
	撺竹庙	李夷庚、吕献之	东钱湖	东钱湖光辉村(平水堰下)
	上塔山庙	李夷庚、吕献之	东钱湖	东钱湖陶公庙陇山
	忠应庙	王安石	东钱湖	东钱湖下水村,也称王安石庙
	灵佑庙	王安石	东钱湖	东钱湖绿野村,现已损毁倒塌待修
	王文公祠	王安石	东钱湖	东钱湖菊岛,旧称福应庙
	王荆公庙	王安石	东钱湖	五乡宝幢唐家湾村玉几山麓
	实圣庙	王安石	东钱湖	—

续表

县市	庙宇	崇祀官吏	相关水利	位置及相关信息
鄞县	经纶阁	王安石	东钱湖	—
	荆公祠	王安石	东钱湖	东钱湖阿育王寺内
	胡墅庙	胡榘	东钱湖	东钱湖莫枝八字桥西鼠山西郑隘
	胡公祠	胡榘	东钱湖	东钱湖陶公岛利民村曹家山,滨湖立庙
	景贤祠	历任治湖官吏	东钱湖	东钱湖青雷山,祭祀唐宋以来有功于湖者
	遗爱祠	历任治湖官吏	东钱湖	东钱湖青山寺,祭祀唐宋以来有功于湖者
	—	赵恺	东钱湖	东钱湖乡民父老乞建祠立碑以纪遗爱
	乾崇庙	陈矜	东钱湖	钟公庙陈婆渡月浦干墩间,俗称干墩庙
	永镇祠	周镐等	永镇塘、中塘河	石碶镇北渡永镇塘,主祀清邑令周镐,衬祀浚治南中塘河有功者凡二百余人
	吴刺史庙	吴谦	九里堰	宁波府城西门外5里,庙在九里堰旁
	钟公庙	钟廉	鹊巢碶	原位于碶旁,现在鄞州钟公庙文化公园内
	伙飞灵翼庙	黄晟	府城水利	府城秀水街、姜山上张村,祀黄晟因疏通江河水利殉职
	杨公祠	杨懿、朱国选	海塘	咸祥镇咸祥庙旁,主祀杨懿,衬祀朱国选
	风棚庙	虞大宁	风棚碶	栎社乡北渡村风棚碶北,俗称外风棚庙
	新风棚庙	虞大宁	风棚碶	栎社乡杨家馋
	戚浦庙	楼异	积渎碶	栎社桃浦桥东,旧称秋浦庙
	横塘庙	赵定、赵察	横塘河	横溪镇陆广桥旗山北
	善兴庙	单于	河道灌溉	下应河北村秦家庙,《鄞县志》记载,民感其惠,因祀焉
	前岩庙	王沐	二河堰	姜山镇狮山南麓
	后岩庙	王沐	二河堰	姜山镇狮山北麓西岩寺边
	朱碶庙	朱中颖	朱家碶	姜山镇丽水蔡家衕东
	朱君庙	朱中颖	朱家碶	鄞江镇乌山东
	白马塘庙	—	白马塘	洞桥镇宁锋周闻村西,旧在大峰

续表

县市	庙宇	崇祀官吏	相关水利	位置及相关信息
余姚	捍海侯祠	施宿	海塘	在庙山（亦名乐山）顶海月寺东侧
	仁功侯祠	叶恒	海塘	—
慈溪	讴思庙	吴潜	管山江等	慈溪东乡管山之麓，也称吴公祠
	吴公庙	吴潜	管山江等	三七市后，俗称市后庙
	上湖头庙	吴潜	管山江等	三七市附近，吴泽桥东
	下湖头庙	吴潜	管山江等	三七市附近，上新桥北
	吴侍郎庙	吴潜	管山江等	三七市镇胜利小学附近，五马桥南
	吴大郎庙	吴潜	管山江等	三七市后，俗称择南庙
	吴君庙	吴潜	管山江等	三七市石道地
镇海	安乐寺	吴潜	化子闸	慈江、江北大河、中大河三江口，化子闸旁
	王荆公祠	王安石	穿山碶	穿山碶旁，王公祠旁还建有水师殿
	紫石庙	王安石	穿山碶	柴桥街道穿山村
	南岳庙	唐书翰	海塘	—
	—	牟大寅	万弓塘	《镇海县水利志》记载，民德之，立祠万弓塘侧祀之
	王公庙	王姓将军	海塘	澥浦镇庙戴村，也称宋公祠
	黄公祠	黄恕	和尚塘	澥浦镇十七房村庙基头
奉化	萧王庙	萧世显	萧公堰	萧王庙镇西端八角岭上，旧称灵应庙
	资福庙	谢凤	方胜碶	原庙位于碶南，后迁址于碶西
	陆公庙	陆明允	资国堰渠	大桥镇龙潭村旁，也称灵祐庙
	昆山庙	赵察	赵河	白杜乡
	岳林庄	布袋和尚	海塘碶	裘村镇庄下村
	周长官祠	周因	周长官碶	原建于碶闸旁，后迁至县城南改名周南庙
	—	刘涛	王村、公塘等堰坝	《奉化市水利志》记载，民为记其功德，在县西60里塑像立祠祀奉
	凤墊庙	嗣宗	朱家河堤	县东5里广平乡（大桥镇）
	善塘庙	仇愈	长汀塘	长汀塘旁

续表

县市	庙宇	崇祀官吏	相关水利	位置及相关信息
奉化	龙津馆	冯多福	众多水利	县东北
	—	马称德	孟婆碶等	南渡桥东塑像立祠
象山	—	凌傅	岳头塘、高平碶等	《象山水利志》记载，凌傅卒于官，士民怀之，建祠立碑祀之
宁海	塔山庙	童濠	前童水系	前童古镇

表格来源：笔者绘制。

参考资料：鄞县地方志编纂委员会. 鄞县志 [M]. 北京：中华书局，1996.

《鄞县水利志》编纂办公室. 鄞县水利志 [M]. 南京：河海大学出版社，1992.

《余姚市水利志》编纂委员会，余姚市水利志 [M]. 北京：水利电力出版社，1993.

《慈溪水利志》编纂委员会. 慈溪水利志 [M]. 杭州：浙江人民出版社，1991.

《镇海县水利志》编纂委员会. 镇海县水利志 [M]. 杭州：杭州大学出版社，1994.

《奉化市水利志》编纂办公室. 奉化市水利志 [M]. 北京：现代出版社，1994.

《象山水利志》编纂领导小组. 象山水利志 [M]. [出版地不详]，1993.

从上表统计情况可以看到，宁波地区水利崇祀庙宇之多，几乎达到"一地一水利，一庙一官吏"的地步，呈现出鲜明的水利伴生性地域化特征。与此同时，同一治水官吏的崇祀庙宇分布，与治水活动范围密切相关，呈现出信仰祭祀圈与水利受益圈相耦合的单元特征。

以崇祀王元炜、王安石、吴潜的庙宇为例，遗德庙、新它山庙、童君庙等 20 个崇祀王元炜的庙宇中，除 4 个分布在镇海、余姚、慈溪、宁海以外，其余 16 个全都位于它山堰水利系统灌溉的鄞西平原。其中，有 10 个庙宇集中分布在它山堰、鄞江、南塘河周边的村镇聚落中，因而鄞西地区素来有"九它山，十童君"之说。忠应庙、灵佑庙等崇祀王安石的 7 个庙宇，广泛分布于东钱湖灌溉的鄞东七乡，尤以沿湖村落为最。讴思庙、吴侍郎庙等 8 个崇祀吴潜的庙宇，主要分布于化子闸、管山江影响的慈、鄞、定三县交界地区，广泛受益的三七市镇立祠建庙最多（图 5-3）。可以说，以治水官吏为主要崇祀对象的贤人化现象，奠定了水利信仰的地域化、单元化特征，也反映了信仰内容由国家控制走向地方自主化，信仰对象由模糊转向具体化，信仰主体进一步明确化，信仰地域范围逐渐固化的特点[①]。

---

① 赵淑清. 从龙神到贤人：明清时期地方水神信仰对象的演变——基于碑刻资料中崞县五峰山圣母信仰的考究 [J]. 山西档案，2015（6）：124-128.

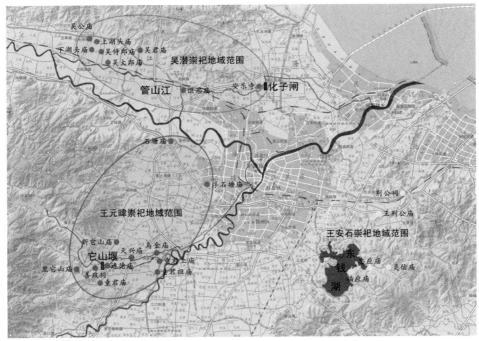

图 5-3 宁波水利信仰祭祀圈与水利单元耦合特征示意图

（图片来源：笔者绘制）

二、水利空间与崇祀庙宇的关联

从建筑尺度层面来看，水利伴生的祭祀空间系统，不仅祀庙选址呈现出亲近水利的空间特征，而且场所精神传递出水利记忆的文化内涵。

1. 祀庙选址分布的水利关联形态

在上文统计的宁波 89 座水利崇祀庙宇中，有 25 座祀庙的选址分布与相应水利工程设施紧密联系。它们要么直接毗邻水利设施，在建筑尺度上形成"临水分布"的空间组合；要么散布于水利设施周边的村镇聚落中，在目视范围内形成"望水分布"的空间关联（表 5-3）。其中，"一庙一水利"的临水分布形态，使水利庙宇和水利设施的历史空间位置信息得以相互映证，有助于遗产保护普查工作的进行。比如第三次全国文物普查时，在镇海区安乐寺外的滨水埠头边，就发现了宋代吴潜所建的化子闸遗址，并找到了一根"天灯台"方形石柱、碶闸桥脚、凹形槽扣等碶闸构件和《化子闸碑记》石刻。

表 5-3　祀庙选址分布的水利关联形态

临水分布形态	
祀庙统计	它山堰旁的遗德庙、南塘河乌金碶旁的乌金庙、东钱湖平水堰下的撑竹庙、东钱湖庙弄湖边的上塔山庙、东钱湖陶公曹家湾湖边的胡公祠、府城西九里堰旁的吴刺史庙、庙堰村鹊巢碶旁的钟公庙、北渡村风棚碶北的风棚庙（枫棚新庙）、慈城南管山江畔的讴思庙、中大河化子闸旁的安乐寺、芦花港穿山碶旁的王荆公祠、奉化县方胜碶南的资福庙、周长官碶旁的周长官祠、长汀塘旁的善塘庙，共计 14 座
平面示意	  中大河化子闸旁安乐寺　　陶公岛东钱湖畔胡公祠   它山堰旁遗德庙　　风棚碶旁枫棚新庙
照片示意	  安乐寺——化子闸　　上塔山庙——东钱湖

	临水分布形态		
照片示意	 胡公祠——东钱湖	 讴思庙——管山江	 遗德庙——它山堰
	望水分布形态		
祀庙统计	剡江萧公堰以东八角岭上的萧王庙、姚北海塘以南庙山顶的捍海侯祠、东钱湖域青山岙外的嘉泽庙、下水村前的忠应庙、二灵山菊岛上的福应庙、莫枝八字桥的胡墅庙、原广德湖域①白鹤山麓的白鹤山庙、遗爱庙、六朵树村的白鹤山新庙、丰成村的丰惠庙、前童古镇白溪北岸的塔山庙,共计11座		
平面及照片示意	 前童古镇塔山庙——望白溪		 萧王庙镇萧王庙——望剡溪
	 东钱湖下水村忠应庙——望东湖		 "忠应庙——东钱湖"空间关系航拍图片

表格来源:笔者绘制。

资料来源:安乐寺、讴思庙、遗德庙照片来自网络,上塔山庙照片来自汪志铭的《甬上风华:宁波非物质文化遗产大观(鄞州卷)》,胡公祠、忠应庙照片来自宁波市测绘设计研究院航拍资料。

---

① 由于广德湖在宋代消失,水利庙宇与其亲水形态关系主要依据庙宇位置和广德湖遗址推测范围进行大致判断。

2. 场所精神的水利记忆文化内涵

水利崇祀庙宇作为"存储"水利社会记忆的物化形式，其内部空间自然紧密围绕相关水利人物、事件进行场景营造。宁波地区水利崇祀庙宇，主要通过壁画、楹联两种装饰手段，来呈现和传递场所精神的治水文化内涵。壁画主要用于刻画水利故事，再现当年水利建设的生动场景。比如，东钱湖下水村的忠应庙中，大殿左右屏风上分别绘有王安石"督理整治东钱湖水利图"和"经游考察鄞县的路线示意图"；咸祥杨公祠墙壁上，也挂有杨懿"新官上任""兴筑海塘"的图片。楹联则在庙门、庙柱装饰中广泛使用（表5-4）。其内容多以记述恩泽乡里的水利贡献、颂扬鞠躬尽瘁的献身精神为主，表达了地方民众对治水人物的深切缅怀。

表 5-4 水利崇祀庙宇楹联统计表

祀庙	楹联
遗德庙	祀庙门柱：瞻绛山问水现一代雄风，观遗德留香传千秋神韵 大殿门柱：截江河巧分三七流，筑堰碶恩泽千万家 大殿前柱：合双蛟之水入鄞江腾泻万里，分二溪之流布句章滋润千顷 大殿檐柱：万顷黍苗沾惠泽，千秋蕉荔报神功 功德在民万家社稷，江山如画千古英灵 殿内金柱：倚鄞江而立庙春风三月瓣香还当曲江游，筑它堰以蓄流恩泽千秋挽粟不闻高堰患 筑堰置湖仍食太和旧德，立祠崇祀尚传鄞县遗民 太和间实施惠政底须辨作开元，越郡中共奉神灵讵特祀隆鄞县 是一世人杰含吞吐天地之志浩气覆鄞江，为千秋功勋有包藏宇宙之机鼎力举它山
浮石塘庙	庙柱：它山流水赛新颜，浮石横塘载好音
栎木庙	大殿石柱：仁膏广被至今栎社永讴思，惠泽长留自昔莳湖勤浚瀹 治功重一邑泽徧鄞山，学统绍百源名高宋代

续表

祀庙	楹联
嘉泽庙	年来膏泽被民躬，祀事原宜振古崇。三县可曾新庙貌，七乡果否识神功 满湖绿水恩流远，数里青山夕照中。长养嘉禾歌大有，莫忘陆李两名公
上塔山庙	一代丰功七十二溪流德泽，两朝伟绩千秋万祀肃明烟 有功于民三县七乡蒙惠泽，欲报之德千秋万里肃明烟 万金湖回秀水绕桑梓，百步峰接青山拱庙堂 淫祀扯华楼，正俗实先汤兴国；崇祠依上塔，报功应媲陆长洲
忠应庙	大殿：胸展宏图振国祚，笔底波澜兴文风 　　　东钱湖边仰先贤楷模在望，福泉山下看今人壮志复振 鄞女亭：任鄞令勤政爱民疏大泽，隐江宁赋诗著书忆鄮城
福应庙	革新变法历朝史册永留芳，治水浚湖三邑地田同受益
萧王庙	门柱：剡水九回绵圣泽，同峰八面状神威 庙柱：声入泉溪唱到西江月白，曲终界岭看同南麓峰青 　　　灵应锡祠名灵耀八乡谷应，绥宁封庙号绥靖四堡咸宁 　　　半壁青山永留古镇，一泽碧水咸沐深思 　　　兴水利，披星戴月，鞠躬尽瘁；除蝗害，为民捐躯，万古流芳
杨公祠	门柱：知斯县，治斯水，开五河，筑六闸，新容始创，增益农耕，泽我嵩上； 　　　建兹祠，立兹像，庀万财，鸠千工，旧迹复观，思怀伟绩，颂吾杨公 廊柱：官小功大，身瘠民肥，别有诗歌推少尹； 　　　不弩潮回，无碑泪堕，且疑神鬼入蒲城 梁柱：绝民患，兴民利，热忱扶农，民赖以生，是嵩民千古功臣； 　　　克官弊，正官风，清廉从公，官勤于政，乃县官一代楷模

续表

祀庙	楹联
黄公祠	祠门中柱：巍峨祠宇崇千古，赫濯神威镇七乡 祠门边柱：奋勇除一方怪物，神威镇千古洪涛 二门门柱：历史语游人，传我公岘首钟灵，蛟川赴义； 　　　　　崇祠依胜境，看此地弓环一水，虹落双桥 大殿中柱：具勇猛力，发慈悲心，是如来化身，救众舍生，因果证明当佛日；起捍海塘，完殖民地，同方社田祖，刑牲击鼓，春秋享祀报公恩 大殿边柱：匹马扼蛟门，浩劫长消沧海变；瓣香分伍庙，英魂俨涌浙潮回 　　　　　江汉炳英灵，生有自来襄水曲；桑麻遗惠泽，没而可祭武功村 神龛前柱：遗迹阅沧桑，但看刻石纪功，当代鸿文传郑相； 　　　　　神旗拥童叟，犹是见碑堕泪，使君旧里念羊公 　　　　　蛟岂避人，水落塘高凭正气；官非守土，夜奔马跃走乾坤

表格来源：笔者绘制。

参考资料：朱金茂，杨胜隽，林巧红. 四明遗韵：宁波市传统村落拾贝［M］. 宁波：宁波出版社，2013.

仇国华. 宁波东钱湖镇文化研究：庙祠篇［M］. 宁波：宁波出版社，2010.

鲍贤昌，陆良华. 四明风韵［M］. 宁波：宁波出版社，2015.

鲍贤昌，陆良华. 控寻古鄞［M］. 宁波：宁波出版社，2012.

镇海区档案局，镇海区文化广电新闻出版局. 镇海楹联［M］. 宁波：宁波出版社，2013.

第二节　水利中心的仪式体化系统

美国人类学家保罗·康纳顿在《社会如何记忆》一书中指出，社会记忆可以通过仪式性的操演来传达和维持[①]。中国民间信仰社会记忆传递的仪式体化系统，以传统民俗庙会为主。它通过地方民众亲身参与的"身体记忆"，将信仰力量渗透到仪式之外的日常生活行为和心理中。宁波地区水利信仰尤其如此，几乎到了凡立祀庙，必行庙会的程度。举办

---

① 康纳顿. 社会如何记忆［M］. 纳日碧力戈，译. 上海：上海人民出版社，2000.

庙会的水利祀庙，一般以崇祀治水官吏的忌、诞日或水利工程的开工日、竣工日为庙会会期。庙会活动，主要包括祭祀、迎神、赛会三个内容。"祭祀"即向神祇贡献牺牲，俗称"请菩萨"；"迎神"是将菩萨抬出庙殿巡游，接受庙脚供奉；赛会是在庙会迎神中掺杂的表演性、竞技性群众活动①。迎赛活动一般以水利工程设施为中心，在水利受益范围（即庙神祭祀范围）内进行。由于崇祀庙神、庙脚身份、祭祀范围的差异，各地水利庙会的内容、规模也各具特色。从庙脚身份特征来看，大致可以分为乡会、族会、渔会三种，分别反映了水利信仰的地缘性、血源性和业缘性特征。

一、乡会：以它山堰为中心的鄞江它山庙会

鄞江它山庙会自北宋咸平四年（1001年）设立以来，已有一千余年的悠久历史。它是它山堰周边受益的鄞江、龙观、洞桥、宁锋等各乡民众，为纪念遗德庙王元玮建成它山堰、根治水害而举行的民俗祭祀活动。

它山庙会一年有农历"三月三""六月六""十月十"三次会期。其中，"三月三"是唐太和七年（833年）它山堰的竣工日；"六月六"是旧时它山堰附近乡民自发组织起来，掏泥疏河、引水灌溉的淘沙日；"十月十"是它山堰的开工奠基日，也是王元玮的生辰。庙会仪式以祭祀、迎神为主，祀神"善政侯孚惠王"下界巡游是整个会期的高潮。王元玮神像出庙巡游时，队伍声势浩大，次序讲究：队首令箭一人，负责领行开路，通知沿途迎神供点酬神接轿。随后铳爆社、炮担会、吹号队、舞狮队、火篮队依次前导先行，负责鸣炮、奏乐、起舞，以驱邪助威、渲染庙会庆典热闹氛围。銮驾神轿是巡游队伍的中心所在，王令公端坐轿中，所至庙界乡民争相轮流抢抬神轿。轿旁全副銮驾随行、红旗招展，更有"三班六房"护卫神轿前后左右。前有乡民肩扛旗锣为神轿鸣锣开道，中有"衙役"高举"鄞县""正堂""肃静""回避"硬脚牌显示威仪，后有殿后犯人忏悔、还愿、赎罪。各村乡民子弟及观摩百姓则各自手持彩灯、彩旗队尾随行，

---

① 邱枫. 宁波古村落史研究［M］. 杭州：浙江大学出版社，2011.

浩浩荡荡长达五六百米[①][②]（图 5-4）。迎神巡游队伍从它山堰堰体上出发，依次经定山桥、界牌下、天胜庙、百梁桥、社田里、鲍家堪、悬慈庙、大德会、岗山岭、问水亭、晴江岸、邵家、乌头门、周家、钟家、毛家、光溪村钟祠、大栲树下等多地[③]，最后返回遗德庙中安神（图 5-5）。迎神路线以它山堰、遗德庙为中心，基本环绕鄞江、南塘河、樟溪两岸展开，全长约 15 千米。途中有大小供点 12 处，神轿到时几乎万人空巷，人人手执香火、设桌献供、酬神祭神。

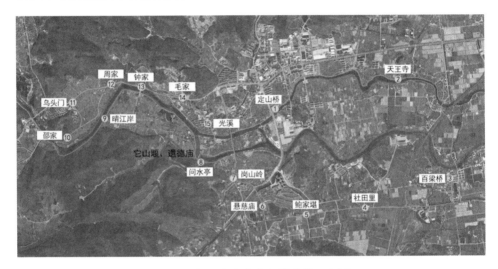

图 5-4　鄞江它山庙会迎神路线示意图

（图片来源：笔者绘制）

它山庙会鲜明地反映了宁波水利社会的地方文化特征，是对它山堰、王元炜水利信仰社会记忆的生动再现与传递。今天，在地方民众的强烈呼唤中，它山庙会重新焕发活力，成为集历史、民俗、节庆、旅游、商贸于一体的文化活动。2012 年，鄞江它山庙会也顺利成为浙江省非物质文化遗产代表之一。

---

① 夏晓晨. 非物质文化遗产保护背景下鄞江它山庙会的复兴与传承 [D]. 金华：浙江师范大学，2013.

② 李广志. 它山庙会及其民间信仰 [J]. 商丘职业技术学院学报，2011，10（3）：72-73.

③ 夏晓晨. 非物质文化遗产保护背景下鄞江它山庙会的复兴与传承 [D]. 金华：浙江师范大学，2013.

图 5-5　鄞江它山庙会迎神仪式照片

(图片来源：搜图网)

二、族会：以引水渠为中心的前童抬阁（元宵）行会

前童古镇每年正月十四的抬阁行会闹元宵，缘起于明正德四年（1509年），已有500多年历史。它是童氏族人纪念先祖童濠堵砩分水、引水入村的功德，并祈求年景丰收、年岁平安的民俗文化活动。

前童抬阁行会最大的特色，就是以鼓亭、抬阁、秋千为重点的祈福巡游活动。鼓亭是放置锣鼓乐器的亭阁，形如翘檐宝塔，层层叠叠；抬阁是小型的活动舞台，下如船形，中有阁体，上立柔柱，装扮成各色戏曲人物的童氏孩童，或坐或站或悬于立柱之上；秋千是在抬阁中内置形如纺车的滚轴，装扮好的四个孩童端坐转盘之上，一蹬一跳上下翻飞[①]。行会中共

---
① 章敏秀. 宁海前童元宵行会［J］. 浙江档案，2016（2）：36-37.

有十八杠鼓亭、抬阁、秋千，分别代表童氏宗族十八房支。每年抬阁行会在正月十四这天下午一时左右开始，头牌在前，龙旗开道，锣鼓、唢呐、舞龙、舞狮紧随其后。十八杠鼓亭、抬阁、秋千按各房历史先后次序依次出行，童氏族人纷纷簇拥尾随其后（图5-6）。行会队伍自前童鼓亭文化广场出发后，经老街先至童氏祠堂接受八代太公检阅，然后行至塔山庙中迎出濠公神像，一起参与抬阁巡游。随后，队伍按顺时针绕塔山行至下叶村，再经前童中学、凉亭返回古镇北大街止。夜间巡游同样自鼓亭文化广场出发，沿唐山路北上经北大街行至新街地区的伯礼西路止（图5-7）。日间与夜间的巡游路线共同形成以"八卦水系引水渠"为中心的环路。一路上锣鼓滔天、鞭炮齐鸣，村民游客人山人海，队伍浩浩荡荡绵延数里。前童当地有民谣吟唱描绘抬阁行会盛景："舞蹁跹，乐尧天，鼓亭抬阁荡秋千。元宵行会狂欢节，民俗文化世相传。十八杠亭交响乐，乐奏孝字三重曲。大孝天下中孝国，小孝和亲共睦族。"

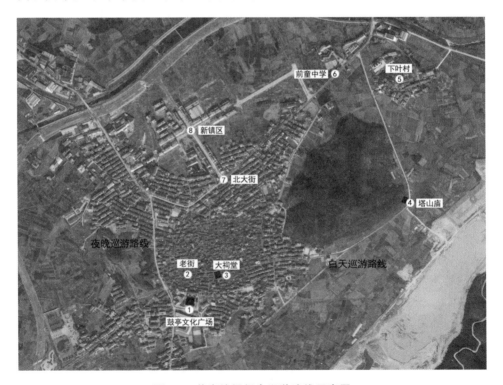

图 5-6　前童抬阁行会巡游路线示意图

（图片来源：笔者绘制）

图 5-7　前童抬阁巡游照片

(图片来源：来自网络 travel.sohu.com)

前童抬阁行会犹如一部宗族史与水利史交相辉映的舞台剧，不仅体现了童氏族人对先祖治水救世、理水建村的敬仰，而且传递了水利社会背景下艰苦奋斗、经世致用的献身精神。今天的抬阁行会，早已成为前童古镇的亮丽名片，是展现宁波地方民俗特色的文化嘉年华。2014 年时，前童抬阁行会成功入选国家级非物质文化遗产保护名录。

三、渔会：以东钱湖为中心的陶公山九月半庙会

东钱湖陶公山，旧时每年农历九月十一日有崇祀李夷庚、吕献之的上塔山庙会，九月十六日有供奉画船菩萨的画船殿庙会，合称"陶公山九月半庙会"。近年来，九月十八日崇祀胡榘的胡公祠庙会逐渐兴起，亦可纳入其中（图 5-8）。由于过去庙脚子弟多为以湖为生、以海为生的渔民，因而会中迎神、社戏、龙舟竞渡三大主要活动中用船极多，颇具水乡渔村庙会特色。庙会不仅是为了纪念李夷庚、吕献之、胡榘等治湖之功，也是为了祈愿出海捕鱼的船队能平安出行、满载而归。

陶公山九月半庙会迎神仪式的最大特点，就是分水、陆二路分别迎神。其中，画船菩萨以陆路巡游，环绕陶公山一周。巡游队伍以画船菩萨牌位、官印、神轿为中心，自龙舟殿出发从南安桥入村，先后途径山头堂檐彝训堂、坎下堂檐金鲤堂、四如堂、老大房听彝堂、厅屋里、胡公祠、罗家堂檐、昌门里堂檐、朱家宗堂天缘堂、王家祠堂、余家祠堂、许家祠

图 5-8 陶公山九月半庙会活动照片

(图片来源:新浪博客忻行者 xhl 的博客)

堂 12 处接喜点(均为陶公山各宗氏祠堂和忻氏房支堂前),最后返回龙舟殿(图 5-9)。上塔山庙神祇是治湖功臣李夷庚、吕献之,因此庙会走东钱湖水路巡游。过去,水路巡游队伍由各种特定功能的船只组成,包括神台船、龙船、河台船、铳炮船、看台船、交通船,其中神台船由 3 艘石宕船连接而成,用于供奉庙神神位、乘坐堂会及吹行人员等,是迎神船队的核心船只;龙船即参与竞渡夺标的龙舟,用于牵引神台船;河台船由 3 艘大对船连接而成,并被改造成水上戏台,随行唱戏献神;铳炮船是 2 艘大捕船,分行在神台船左右,左炮船、右铳船,专为炮手、铳手所用;看台船是村民用于停泊看戏的各色船只,数量最多[①]。迎神船队从庙陇出发,途径殷家湾、薛家山、张万岭、史家湾、曹家山头、忻家、周家等多个献点,最后返回庙陇[②](图 5-10)。船队到达周家献点时,便开始举行龙舟竞

---

① 汪志铭. 甬上风华——宁波非物质文化遗产大观(鄞州卷)[M]. 宁波:宁波出版社,2011.

② 汪志铭. 甬上风华——宁波非物质文化遗产大观(鄞州卷)[M]. 宁波:宁波出版社,2011.

渡活动。除陶公山本地各宗族的龙舟队之外，东钱湖内的殷家湾、莫枝、大堰头，以及湖外的前徐、陈浪岸、渔郎岸、云龙碶、前后陈、姜山、张斌桥等地渔村渔民，也都派龙舟队作客参赛①。过去，龙舟竞渡以周家庙前的许家峙为起始点，绕许家峙一周。后由于航道淤浅，改为以曹家山头陶公钓矶为起始点，绕蚌壳山一周。夺标之时，湖面上千帆竞渡、百舸争流，场面壮观令人叹为观止。

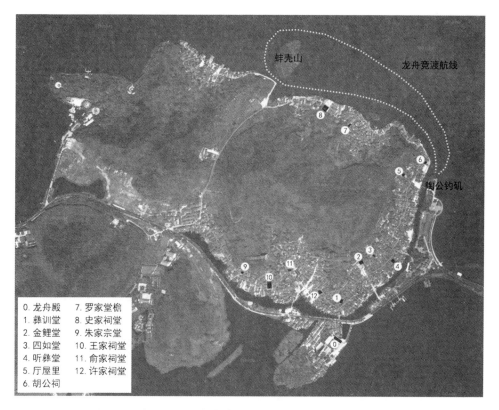

图 5-9　陶公山九月半庙会陆路巡游及龙舟竞渡路线示意图

（图片来源：笔者绘制）

陶公山九月半庙会体现了东钱湖治水历史与渔村生活形态的融合特色，它既是本地村民水利信仰传承的体化仪式，也是地区渔民共襄盛举的嘉年盛会。今天的陶公山九月半庙会水上迎神仪式随着渔业、渔民的没落和远去，也逐渐消失在历史尘烟中，成为社会记忆的一部分。但它的暂时

---

① 汪志铭.甬上风华——宁波非物质文化遗产大观（鄞州卷）[M].宁波：宁波出版社，2011.

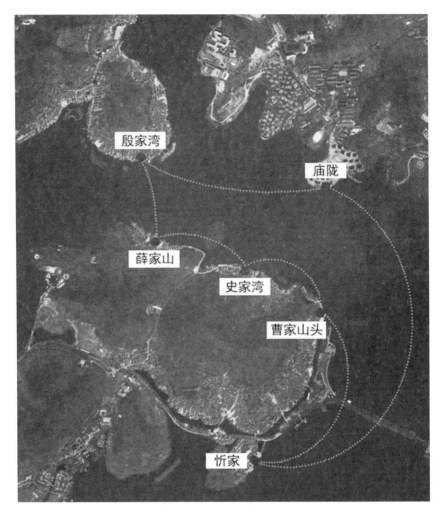

图 5-10　陶公山九月半庙会水陆巡游路线示意图

（图片来源：笔者绘制）

逝去，并不意味着记忆的彻底断裂。历史上，以鄞江它山庙会、前童抬阁行会、陶公山九月半庙会为代表的各类民间庆典仪式，都曾在某些历史阶段被认为是四旧迷信活动而被迫中断。但作为社会记忆的民间信仰，早已成为根植于宁波地区民众生产、生活中的习惯和记忆，蕴含着水利社会背景下的各种生存经验和文化思想的合理性，经得住时间的考验。最终，它们也都在短暂沉寂之后，重新焕发活力，成为水利信仰社会记忆存储的仓库和传承的舞台。

第三节 水利主题的文本符号系统

以语言、文字为表现形式的文本符号,是社会记忆传递的重要载体,也是民间信仰的隐性存在方式。在中国传统乡土社会中,文本符号的呈现形式丰富多样,包括历史故事、神话传说、诗词歌谚、年画方志、石刻碑记等不同载体。它们以或神秘、或感性、或直观的方式,将民间信仰融合在日常生活中,使地方民众以一种潜移默化的方式不自觉地充当了社会习惯记忆的传承者[①]。在宁波民间广泛流传的故事传说、诗词碑谚、历史地名中,存在大量以治水人物、水利事件、水利设施为主题的文本符号内容。它们在地方民众间口口相传、代代更替,随社会变迁不断编码、重组、更新,具有旺盛的生命力。

一、水利传奇历史故事文本

宁波民间流传的水利故事十分丰富,故事原型大多来自过去水利社会的治水实践过程。许多治水人物的光辉事迹,在经过神秘化、夸张化的文学演绎之后,成为具有传奇色彩的历史故事。故事文本的代际传承,使日常生活的欢声笑语和水利社会的生存哲学,悄无声息地融为一体。在这一过程中,劳动人民"改造自然"的斗争精神、"勇于牺牲"的献身精神、"巧于应变"的治水智慧,通过故事文本"口述史"的方式得以不断延续。

1. 三江口斩蛟退水

卷转虫海退之后,东海咸卤仍然每日溯江而上,直扑姚江、甬江、奉化江交汇的三江口。地方传说,全因有蛟龙在江中作怪,才导致海潮水浸淹城,使百姓生活不得安宁。四明山中有一位老石匠,十分痛恨蛟龙,意欲除之而后快。后来,老石匠在四明山顶偶然获得一颗具有无比神力的鲜红宝石。于是,他花费七七四十九天时间,将其打磨成一颗闪耀奇光的宝

---

① 侯亚伟. 集体记忆与民间信仰 [J]. 理论与现代化, 2012 (4): 54-59.

珠。当蛟龙再次兴风作浪、水淹州城之时，老石匠手执宝珠，以其异光立斩蛟龙于江中。霎时间，海潮退却，三江口恢复风平浪静。为长久护卫城池安全，地方百姓于三江口修建天封宝塔存放这颗斩蛟宝珠，自此以后府城内外得以摆脱咸潮水侵之苦。

同样的故事还有"黄晟桃花渡斩蛟"之说。历史上，黄晟是唐末明州刺史，在任达18年之久。唐乾宁五年（898年），黄晟率众于明州子城外修筑了罗城（即外城），后在治理疏通三江口江河水利时不幸殉职①，死后获封伏飞将军、江厦侯。黄晟这一历史功绩，在后世传说中被不断夸张神化，成为一段传奇故事。相传，黄晟为治水患，只身跃入甬江之中，与水中作恶蛟龙大战三天三夜。最终于三江口桃花渡下斩杀蛟龙、平定水患，但黄晟也因力竭不殆牺牲于江中。从此之后，三江口明州府城得以免遭甬江泛滥之苦。

三江口斩蛟的历史故事，虽是后人演绎附会而来，但也并非无中生有。它通过神化、夸张的斩蛟故事情节，生动地描绘了海侵地区恶劣的生存环境，直观地体现了在水利社会中，劳动人民与海侵咸潮不断抗争的奋斗精神和人定胜天的乐观精神。

2. 它山堰凝血立桩

唐代王元玮时，在鄞江之上截流修建它山堰，可想而知是一个十分艰巨的任务。相传，筑堰之时，曾因无法在江底河床上定立桩基，它山堰水利工程一度进展无望。后来，有当地老者建言献策说："人血有黏结作用，倘若能以肉身随木桩沉江，以热血凝固沙石，基桩必能深入河床，立于江中。"但这意味着需以人命牺牲，换得工程永固，造福子孙后代。明州百姓之中，赵、钱、孙、李、周、吴、郑、王、冯、陈十位青年后生挺身而出，愿以血凝桩筑堰，让王元玮及众百姓感动不已。于是，饮血酒结为异姓兄弟之后，十兄弟在父老乡亲的瞩目下，面露微笑与木桩一同没入江底，被牢牢钉在流水沙石之中。地方百姓为了纪念献身牺牲的十位异姓兄弟，于崇祀王元玮的遗德庙中造有十兄弟塑像，供后人一同凭吊。

"十梅童血凝它山堰"的故事在宁波还有一个"郑家郎血凝澄浪堰"

---

① 张伟. 浙江海洋文化与经济（第5辑）[M]. 北京：海洋出版社，2011.

的版本。相传南宋开庆元年（1259年），明州府城南门一带时常咸潮倒灌，致使乡民生计艰难。于是当时的明州刺史吴潜决定在长春门外南塘河与奉化江之间重建澄浪堰，以阻咸蓄淡。然而，两江交汇处江潮湍急、漩流丛生，第一根桩基迟迟难以稳固。无计可施的吴刺史不得已采纳异僧建议，张榜招募一青年后生"以热血打桩定基"。当是时，南门外一位人称"十八郎"的郑家后生，不忍海潮泛滥屡屡破坏家人、乡亲的生活家园，于是揭榜慷慨赴义。以其一人性命，为重建堰坝打下一根热血桩基，澄浪堰得以顺利筑成。老百姓感念郑氏后生再造之恩德，于是将澄浪堰更名为"郑十八郎堰"，也叫"郑郎堰"。

宁波漫长的水利发展史上，有许许多多治水官吏、地方士绅、乡民百姓为水利建设发展鞠躬尽瘁乃至献出生命，比如唐代刺史黄晟，南宋镇海县令黄恕，清代鄞县县令杨懿，近代东钱湖乡绅张祖衔、忻锦崖等。"凝血立桩"的历史故事是水利社会背景下，宁波地区劳动人民水利建设艰苦奋斗过程和勇于牺牲献身精神的真实写照。

3. 王公塘撒糠选址

北宋时期，王安石上任鄞县期间，为阻挡海潮侵灌损毁滨海农田，决定在当时的镇海穿山一带修建海塘护堤。海塘位置大致从今天宁波北仑新碶街道岭南河头焦起，沿太白山缘北麓海涂一直到穿山。海塘修建之时，时常出现局部塘段塌陷损毁的情况，甚至造一段倒一段。王安石在实地考察、反复思考之后，终于发现问题所在。海涂土地皆由积沙而成，质地松软，时紧时疏。凡是海塘倒塌的地方，塘基都不牢固，海潮稍一冲刷便出现塘毁堤坏的情况。于是，如何辨识结实坚固的海涂土地，成为海塘选址的关键所在。在向当地老农请教后，王安石得知"牲畜皆有灵性，牛走糊泥，马走硬地"，随即想到了骑马撒砻糠的好办法。他找来骏马，运来砻糠，任马匹沿海涂驰走，自己则效仿张果老倒骑马背，一边走一边挥洒砻糠，在海涂上留下一条"马走硬地"的行进路线。地方工匠随即在砻糠撒过之处重新筑基建塘，所选塘址果然都是坚硬的实地，百姓们不由啧啧称奇。海塘造好之后，穿山一带再不必担忧潮水侵灌的隐患，地方民众感念王安石治水功德，便将其称为"王公塘"。王安石骑马撒糠、选址建塘的故事，也由此成为传奇故事。

与之相似，鄞江地区也流传着王元𬀩木鹅选址建碶的故事。传说它山堰水利系统修建之时，王元𬀩曾于南塘河上游漂放三只木鹅，任其随水而下以观察水势。最终，三只木鹅分别在三个河湾回流之处截停。于是，王元𬀩择此三处水流要害之地，先后修建了乌金碶、积渎碶、行春碶三处碶闸，贯通南塘河与鄞江。涝时过顶溢流泄洪，旱时顶潮阻咸纳淡，从而更好地调控它山堰水利系统引流、分流的难题。民谚有"王令当年放木鹅，身营三碶隔江河"，由此成为民间百姓口口相传的美谈。

无论是王安石撒糠选址建塘，还是王元𬀩木鹅选址建碶的故事，都来自宁波水利社会的实践过程。它们突出地表现了劳动人民治水、理水的应变智慧，也赋予其治水过程生动的传奇色彩。水利社会记忆也随着这些逸闻趣事的情节铺陈，润物细无声地深入人心。

二、水利怀咏诗词碑谚文本

所谓"诗词碑谚"，是指宁波传统文化中广泛流传的诗歌、竹枝词、碑文、谚语四种文本符号。宁波地区漫长的水利建设发展史，孕育了大量以水利人物、工程、事件为主题的"诗词碑谚"文本。其中，诗歌、竹枝词、谚语的文本内容，以治水人物怀咏和治水功绩传颂为主。借助其工整雅致的文字格律和朗朗上口的语言声韵，诗词谚语在民间流传甚广。碑文内容则主要以历史事件记录、历史规约订立为主。它以石刻的方式，近乎永久地将水利记忆完整地凝固在历史长河中，是后人探究历史记忆的重要文本凭证。过去千百年来，宁波水利社会积累的"诗词碑谚"文本，可谓不计其数。以笔者个人之力概不能全面梳理无一遗漏，只能选取典型代表予以例证（表5-5）。

表5-5 宁波水利"诗词碑谚"文本典型代表

诗歌	诗作代表	《它山堰次永嘉薛叔振韵》——宋·魏岘 《回沙闸成次乡帅陈大卿韵》——宋·魏岘 《和马粹老修广德湖》——宋·舒亶 《望东湖五首》——宋·袁燮

续表

诗歌	诗文例证	它山堰次永嘉薛叔振韵 魏岘 一朝堰此水，千载粒吾民。只仰溪为雨，何劳旱望云。 四时人饮碧，六月稻尝新。流出心源泽，年年惠我鄞。
竹枝词	竹枝词代表	《鄞西竹枝词》——清·万斯同 《鄞东竹枝词》——明清·李邺嗣 《鄞北杂诗》——清·袁钧 《东钱湖竹枝词》——清·忻恕
竹枝词	词文例证	鄞北杂诗（节选） 袁钧 永丰门外永丰碶，低不可减高难增。 只道增高能蓄水，一年旱涝偏相仍。 食气两喉传北宋，水喉后起却成三。 谁教错读宁轩志，失实伪名两错担。
碑记	碑记代表	宝庆三年（1227年），《它山庙神王元炜加封善政侯敕牒》 嘉靖十七年（1538年），《重修它山堰记》 万历十九年（1591年），《宁波府知府订立东钱湖禁约碑》 道光二十三年（1843年），《重修水则亭碑记》
碑记	碑文例证	它山庙加封敕牒碑 敕庆元府鄞县小溪镇它山遗德庙，神治水化民咸思歌之，奉尝百世，近民之吏，其爱利流于无穷，而人之报之亦思为无穷，不惟义所当然，盖利之所必至也。尔神在唐太和令鄞鄅，有凤惠政，史册书焉，筑堰回流，灌田万顷，历载四百，遗迹如新，师言具孚，开以侯爵，褒纶表号，永绥庙貌，用慰一方甘棠之思，且为当代循吏之功，可特封善政侯，奉敕如右，牒到奉行。 宋理宗宝庆三年（1227年）正月十七日

续表

谚语	谚语代表	王元炜南塘筑碶——王令当年放木鹅,身营三碶隔江河。只今启闭谁相问,一任舟人偷闸过 施宿姚北筑海塘——若不筑海塘,民遭海水殃。若无施父母,民落鱼龙口 后海塘水情描述——后海潮水往上涨,风潮刮得呼呼响。海塘矮小无用场,潮水冲进屋里厢 慈北解放塘修筑——重修解放塘,安全有保障。生产有希望,感谢共产党

表格来源:笔者绘制。

参考资料:《鄞县水利志》编纂办公室. 鄞县水利志[M]. 南京:河海大学出版社,1992.

三、水利记忆历史地名文本

地名是社会记忆传递的重要文本符号,融合了地域环境特征与社会情感认同,文化积淀源远流长。在传递延续过程中,地名一方面具有空间标识作用,变化缓慢,另一方面具有与时俱进的时代特征,推陈出新,因而在日常生活中具有很强的扩展和渗透功能[①]。在宁波地区的水利社会中,历史地名文本体现出鲜明的水利烙印。文本符号主要有两大来源。其一是以广泛分布的碶、隘、堰、塘、埭等水利设施名称作为聚落地名词根,以凸显出聚落所在地域环境的水利特色。宁波地方素有"东乡十八隘、南乡十八埭、西乡十八墟"之说。水利主题性的聚落地名,数量之众可见一斑(表5-6)。其二是以"治水官吏姓名"命名水利工程(如王公塘—王安石、颜公渠—颜颐仲)、庙宇(如钟公庙—钟廉、吴侍郎庙—吴潜)、道路(如王元炜路、南金路—陆南金)等地名,表达了民间社会对治水人物朴素的怀念和崇敬之情。

治水官吏地名文本化现象的空间范围,与其治水受益地域范围相关联。以治理东钱湖、开凿穿山碶的王安石为例:东钱湖域不仅建有"王文公庙""王荆公庙""王荆公祠"崇祀王安石,而且东钱湖二灵山以东有山岭被称为"安石岭",东钱湖谷子湖西71省道路段被命名为"安石路",

---

① 王胜三. 关于地名文化的几点思考[J]. 中国地名,2018(6):4-5.

东钱湖畔小蓬山建有"王安石公园",东钱湖小长城下有"半山忆公园"[①],钱湖工业区内有"介甫路",莫枝堰下有"介甫桥",还有已被拆除的"介甫楼"[②];镇海穿山碶旁旧时建有王公祠,穿山村中有荆堤路,2012年又于穿山碶旧址旁新建王安石穿山碶纪念碑亭。可以看到,"安石""荆公""半山""介甫"地名文本符号的出现范围,与王安石的水利足迹相耦合。与此同时,原型符号在时代更迭过程中,不断与新的空间、地点结合,演绎出新的地名文本符号。水利信仰社会记忆也随着地名文本的编码、重组、更新,不断传承延续。

表 5-6 宁波水利主题性的村镇聚落地名统计表

设施	地名	备注
碶	宁波以"碶"命名的村镇聚落地名至少有13个。 海曙区：石碶街道、石碶社区、上水碶村 北仑区：新碶街道、东岗碶村、大碶街道 镇海区：涨鉴碶社区 鄞州区：萧皋碶村、育碶村、五乡（碶）镇 奉化区：碶头村 象山县：大碶头村、新碶头村	碶,指连通河海的石砌水闸,在宁波地区十分常见。主要通过闸门启闭调节淡水与咸潮交汇,闭则蓄淡阻咸,开则泄洪排涝
隘	宁波以"隘"命名的村镇聚落地名至少有20个,主要分布在北仑区、鄞州区。 北仑区：下周隘村、王隘村、邬隘村、李隘村、周隘陈村、里隘村 鄞州区：黄隘村、郑隘村、章隘村、项隘村、邱隘镇、张隘村、余隘村、柳隘村、殷隘乡、曹隘村、高隘村 江北区：赵隘村 奉化区：楼隘村 象山县：陈隘村	隘,是古代一种低矮的水坝,旱时拦水、涝时溢流

---

① 王安石,字介甫,号半山,后被宋神宗封为"荆国公"。
② 仇国华. 宁波东钱湖镇文化研究：庙祠篇[M]. 宁波：宁波出版社,2010.

续表

设施	地名	备注
堰	宁波以"堰"命名的村镇聚落地名至少有18个。 海曙区：澄浪堰社区、它山堰村 江北区：梅堰社区 鄞州区：庙堰村、钱堰头村、大堰村、沙堰村、陆家堰村 奉化区：杨家堰村、大堰镇 余姚市：梁堰村、黄清堰村、五车堰村 慈溪市：匡堰镇、匡堰社区、石堰村、秦堰村、马堰村	堰，指较为低矮的挡水建筑物，不仅能截流蓄水，也能溢流泄洪
塘	宁波以"塘"命名的村镇聚落极多，至少有97个，主要分布在海塘沿线，以慈溪为甚。 海曙区：段塘街道、南塘社区、石塘村 江北区：畈里塘村、洪塘街道、洪塘社区、洪塘村 北仑区：高河塘社区、朱塘村、大涂塘村 镇海区：石塘下村、汉塘村 鄞州区：塘头村、俞塘村、湖塘村、三塘村、平塘村、走马塘村 奉化区：塘头村 象山县：下塘村、坦塘村、湾塘村、官司塘村、定塘镇、高塘村、晓塘乡、晓塘村 宁海县：凌塘村、下湾塘村、大塘村、里塘村 余姚市：低塘街道、低塘社区、横塘村、上塘村、夹塘村 慈溪市：新塘村、周塘西村、二塘新村、潮塘村、周塘东村、直塘村、五塘新村、四塘南村、占塘社区、孙塘社区、南孙塘社区、高河塘村、上周塘村、古塘街道、新潮塘村、花塘村、五塘南村、腰塘村、六塘南村、六塘村、潮塘新村、二塘村、省塘头村、界塘村、大古塘村、塘后头村、大塘下村、塘跟村、塘下村、塘上村、新塘下村、横新塘村、下新塘村、周塘村、西周塘村、东周塘村、周塘南村、周塘下村、西界塘村、界塘下村、东界塘村、二塘头村、西潮塘村、东潮塘村、三塘村、三塘头村、塘南村、四塘村、四塘下村、四塘西村、四塘东村、利济塘南村、利济塘村、新塘头村、五塘村、下老塘村、老塘村、六塘头村、海塘村、七塘村、七塘南村	塘，指沿岸线挡水的堤岸、堤防，宁波地区以海塘为主

续表

设施	地名	备注
埭	宁波以"埭"命名的村镇聚落地名有9个，主要分布在鄞州区。 鄞州区：徐东埭村、周家埭村、应家埭村、俞家埭村、郑家埭村 慈溪市：王家埭村、劳家埭村、宓家埭村 奉化区：横里埭村	埭，意为堵水的土堤，属早期较原始的水利设施，现已基本消失
塘	宁波以"塔"命名的村镇聚落地名有13个，主要分布在鄞州区。 海曙区：潘家塔村 鄞州区：鲍家塔社区、鲍家塔村、塔河村、张家塔村、詹家塔村、戚家塔村、方家塔村、傅家塔村、茶塔村、朱都塔村、屠家塔村 奉化区：徐家塔村	—
坝	宁波以"坝"命名的村镇聚落地名至少有3个。 海曙区：大西坝村 江北区：王家坝村 奉化区：余家坝村	坝，指拦水截流的建筑物
闸	宁波以"闸"命名的村镇聚落地名至少有6个。 江北区：大闸社区 鄞州区：铜盆闸村 余姚市：汤家闸村 慈溪市：新闸村、太平闸村、五洞闸村	闸，拦截水流的建筑物，可随时启闭
浦渡港	宁波以"浦""渡""港"命名的村镇聚落至少有62个，主要分布在三江六塘河及滨海水道沿线。 海曙区：集士港镇、横港村、集士港村、蓣水港村、沙港村、周家浦村 江北区：孔浦街道、邵家渡村、半浦村、乍浦乡、城山渡村 北仑区：小港街道、霞浦街道、新浦社区、陈华浦社区、梅港村、东港社区、门浦村、横浦村 镇海：海港社区、清水浦村、澥浦镇 鄞州区：铜盆浦村、陈婆渡社区、陈婆渡村、芦浦村、大碧浦村、姚家浦村、翻石渡村	浦，意为河流注入江海的码头、渡口，宁波三北地区尤其将南北方向人工水系称为浦

续表

设施	地名	备注
浦渡港	奉化区：胡家渡村、南渡村、王溆浦村 象山县：西港村、石浦镇、鹤浦镇、雷港村、花港村、漕港村、东港村、东浦村 宁海县：连浦村、古渡村、临港村、回浦村、龙浦村 余姚市：姜家渡村、菁江渡村、祝家渡村、河姆渡镇、小泾浦村、陆浦镇、临浦村 慈溪市：古窑浦村、小团浦村、水云浦村、新浦镇、双庆浦村、老浦村、下洋浦村、四灶浦村、东渡村、淞浦村	浦，意为河流注入江海的码头、渡口，宁波三北地区尤其将南北方向人工水系称为浦
漕	宁波以"漕"命名的村镇聚落地名至少有10个，主要分布在海曙区和鄞州区。 海曙区：小漕社区、徐家漕社区、宋家漕村、罗家漕村 江北区：外漕村 鄞州区：金家漕村、毛家漕村、虎啸漕村、长漕村、大漕村	漕，指通过水道运输粮食

表格来源：笔者绘制

参考资料：王苹, 于红艳. 宁波地名的文化意义阐释 [J]. 宁波大学学报（人文科学版），2009, 22（05）：42-47.

徐雪英. 宁波地名文化探析 [J]. 浙江万里学院学报，2013, 26（01）：51-55, 59.

周志锋. 请为"隘"字补一个宁波地名特殊读音 [J]. 宁波大学学报（人文科学版），2014, 27（06）：21, 26-28.

浙江省宁波地名网.

第六章　现代语境下"水利—聚落"关系再思考

在历史的"水利—聚落"相互关系中，水利有功能性存在、社会性存在、精神性存在三种作用方式。社会变迁过程中，水利信仰的精神性存在具有恒常性，为万变不离其宗的"宗"。但是，以水利运输为代表的功能性存在、以水利协作为代表的社会性存在，却在技术、制度的影响下，出现功能转译、组织解构的情况。那么，在现代语境之下，历史的水利社会关系是否依然存在？"水利—聚落"的相互关系有何变化？未来，城乡历史聚落保护发展又该如何应对这一相互关系变化？这是不得不思考的几个重要问题。

第一节　隐匿：时代变迁过程中的水利社会解构

首先必须承认的一个事实是，水利社会形态今天早已不复存在。过去农业时代，水利社会之所以形成有两大关键条件，一是农业生产的产业主导地位，二是农业发展的水利依赖性。近代以来，中国在从农业时代逐渐走向工业时代、后工业时代的变迁过程中，第一产业的经济地位逐渐被第二产业、第三产业所取代。据国家统计局公布数据显示，2021年第一产业增加值在 GDP 中的占比为 7.3%，第二产业增加值在 GDP 中的占比为 39.4%，第三产业增加值在 GDP 中的占比为 53.3%。农业生产经济主导地位的丧失，是水利社会之所以解构的根本原因。但其解构过程并非一蹴而就。在时代变迁过程中，政治、经济、文化、技术等多方要素的变化，是直接导致水利核心纽带作用被逐渐边缘化的原因所在。其中，陆运交通的技术变革和水利事务的政府统筹，是两个比较重要的直接影响因素。

一、陆运交通技术变革，水利经济引擎功能衰退

相比车马人力运输，水路船运在很长一段历史时期内都是更为快速、经济、高效的运输方式。尤其涉水地区，其社会经济往来十分依赖水运，运河水利体系也因此十分发达完善。宁波地区在经过唐宋两朝系统性的河渠水利整治之后，逐步形成了以三江口府治为中心，向平原四周辐射覆盖的"三江六塘河"水运干线，众多支流河网勾连交织，舟楫纵横以利集

散，民间运输多赖于此。水运网络也由此成为区域内外市场体系的组织纽带，商业市镇无不因水而兴。

清末民国以来，以宁波为代表的海侵地区作为开埠通商的桥头堡，率先接受西方现代科技知识的洗礼，铁路、公路等新兴陆运交通技术开始得到应用。清宣统二年（1910年），杭甬铁路开始建设，并于1914年完成甬曹（曹娥）段。1927年，宁波第一条乡间公路"鄞奉公路"开始建设，并于1929年通车。自此之后，公路、铁路交通网络不断发展完善，直至今天高速公路、高速铁路的成熟。现代公路汽车运输和铁路火车运输，转而成为比内河船运更快速、经济、高效的交通方式，因而迅速发展壮大并取代水运成为主要交通手段。今天的"三江六塘河"上，除甬江段依然有舟舸往来穿梭之外，其余河网水系中已难觅航船踪影。

水运的没落，导致水利运河网络曾经人流、物流、信息流集散通道的经济功能衰退。旧的商市体系瓦解，新的以陆路运输网络为组织纽带的商市体系重新建立。受其影响，渡口等水运交通设施逐渐被历史淘汰，比如前文曾对大运河流域姚江河段和慈江河段的渡口进行统计，总计62个古渡口中，仅19个今天依然在发挥客运渡口的作用（表6-1）。渡口来往乘客稀少，人声鼎沸的热闹场面早已成为昔日荣光。而那些"因水而兴"的水运市镇，也随之"因水而衰"，被现代化浪潮所遗忘。以东钱湖为例，水运时代，东钱湖是宁波府城通往鄞东南沿海及象山县的必经之地。在"府城—中塘河—莫枝—韩岭—岭南山古道—塘溪""府城—中塘河—莫枝—下水—大嵩岭古道—塘溪"两条交通路线中，莫枝、韩岭和下水分别作为水运转换和水陆转换的交通枢纽，是当时东钱湖域的三个重要市镇。韩岭市的商业街，甚至还有"浙东第一街"的美誉。行政上，三者各自为独立乡镇，分别为莫枝镇、韩岭镇、下水乡。但是，当通往塘溪的S71省道修建之后，东钱湖水运交通枢纽作用被彻底取代。交通区位优势不在的莫枝镇、韩岭镇和下水乡，发展停滞甚至倒退。1992年，鄞县进行乡镇行政区划调整时，将莫枝镇、韩岭镇、下水乡和高钱乡合并，新的东钱湖镇诞生。原来的莫枝镇、韩岭镇和下水乡，则各自降为莫枝村、韩岭村和下水村[1]（图6-1）。同样的情况广泛存在于宁波水运市镇中。笔者将1900年前

---

[1] 仇国华. 新编东钱湖志 [M]. 宁波：宁波出版社，2014.

后宁波地区市场分布示意图、1932年鄞县区乡镇划分图与今天的宁波市行政区划图进行比较后发现,包括慈城市、奉化白杜市在内,共有11个1900年前后的区域水运市场,在1932年时是乡镇及以上行政级别,但在"因水而衰"的过程中逐渐失去竞争力,今天已经各自降为行政村或镇(表6-2,图6-1)。

表6-1 大运河沿线渡口运行状况

大运河沿线水运渡口	姚江河段(50)	废弃渡口	安家渡、邵家渡、竹山渡、陆家渡、旱门头渡、施家渡(迎龙渡)、仓前渡(还金渡)、邹家渡、西石山渡、兰墅桥渡、哑儿渡、霍家渡(七里浦渡)、方家渡、徐家渡、吴家渡、郭家渡、三十里牌渡、沈家渡、网滩渡、楝木渡(沈家渡)、车厩渡、东江沿、太平渡、李碶渡、青林渡、(杨徐)新渡(步安渡)、石子道头(严家渡/任家渡)、桃花渡(东渡)、盐仓门渡(和义渡)、永丰渡(浮石亭)、觉渡(清河渡)、湾头渡,共计32处渡口
		在运渡口	下陈渡、罗家渡、菁江渡、史家渡、夏巷渡、蜀山渡、姜家渡、赭山渡、洪陈渡、城山渡、河姆渡(黄墓渡)、丈亭南渡(郑家渡)、郭姆渡(郭墓渡)、虞公渡(吴翁渡)、邵家渡、西洪渡(西渡/鄞西渡)、大西坝渡(西渡/西江渡/蓝公渡)、半浦渡(鹳浦渡),共计18处渡口
	慈江河段(12)	废弃渡口	下桂湖渡、徐家渡、太平渡、新渡、方家渡(芳江渡)、张家渡、俞家渡、祝家渡、顾家渡、西渡、丈亭渡,共计11处渡口
		在运渡口	罗家渡(罗江渡),共计1处渡口

表格来源:笔者绘制。

表6-2 宁波地区行政降级的水运市镇

1900年水运市场	水运区位及设市时间	1932年行政单位	今天行政单位
慈城市	慈江、刹子港,1227年前	慈城县	慈城镇
白杜市	白杜溪,1227年前	白杜乡(奉化)	白杜村
莫枝市	东钱湖、中塘河,1560—1730年	莫枝镇	莫枝村
韩岭市	东钱湖、岭南山古道,1227年前	韩岭镇	韩岭村
下水市	东钱湖、大嵩岭古道,1227年前	下水乡	下水村
凤岙市	中塘河,1227—1487年	凤岙镇	凤岙村

续表

1900年 水运市场	水运区位及 设市时间	1932年 行政单位	今天 行政单位
横涨市	奉化江、南塘河、鄞江，1730年后	横涨镇	横涨村
栎社市	南塘河，1487—1560年	栎社镇	栎社村
陈婆渡市	前塘河，1730年后	陈婆渡乡	陈婆渡村
走马塘市	东江，1730年后	走马塘镇	走马塘村
湖塘市	东钱湖、前塘河，1730年后	湖塘乡	湖塘村

表格来源：笔者绘制。

参考资料：斯波义信. 宋代江南经济史研究［M］. 方健, 何忠礼, 译. 南京：江苏人民出版社，2012.

鄞县地方志编纂委员会. 鄞县志［M］. 北京：中华书局，1996.

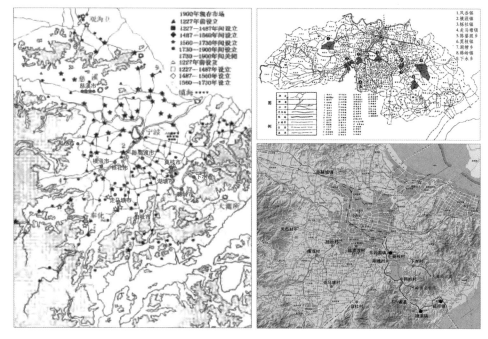

图6-1 宁波行政降级水运市镇聚落分布示意图

（图片来源：笔者绘制）

（参考资料：斯波义信. 宋代江南经济史研究［M］. 方健, 何忠礼, 译. 南京：江苏人民出版社，2012；鄞县地方志编纂委员会. 鄞县志［M］. 北京：中华书局，1996）

（备注：左图为1900年前后宁波地区市场分布示意图，右上图为1932年鄞县区乡镇划分图，右下图为宁波现代行政区划图）

二、水利事业政府统筹，水利社会组织功能瓦解

自古以来，水利事业都是需要耗费大量人力及物力的大事，因而围绕其建设、管理、使用的组织实施，对地方社会关系具有一定建构作用。宁波地区水利事业发展大致经历了一个"唐宋两朝官办民助—明清两代官督民办—民国时期地方自治—中华人民共和国成立初期公社合建—改革开放之后政府统筹"的过程，不同历史时期官、民参与方式和程度不同，水利的社会组织功能也截然不同（表6-3）。

表6-3 不同历史时期宁波水利社会组织功能变迁

时期	组织模式	资金来源	建设实施	水利社会组织功能
唐宋两朝	官办民助	国库田赋	官方组织，民夫、徭役修建	共同建设、共同管理、共同受益过程，催生出"水利共同体"社会组织
明清两代	官督民办	官民合捐	乡绅组织，民夫修建	
民国时期	地方自治	乡民集资	乡绅组织，民夫修建	
中华人民共和国成立初期	公社合建	官民合资	公社组织，群众修建	人民公社，实质就是"水利共同体"社会组织
改革开放之后	政府统筹	财政拨款	政府组织，工程单位承建	民间共建、共管环节缺失，社会组织功能瓦解

表格来源：笔者绘制。
参考资料：鄞县地方志编纂委员会. 鄞县志 [M]. 北京：中华书局，1996.

唐宋两朝，宁波水利工程基本由州、县官府直接组织和承办。工程耗费多由国库出资，偶有加征田赋，如东钱湖的"均包湖米"制度。工程建设由官府雇用民夫或科派徭役参加，比如宋朝的魏岘在《四明它山水利备览》中记述它山堰修筑过程时写道："役夫人给米二升省，钱四十文足和，雇通远、光同、句章三乡人户及轮差柴、船户，各备锄担，先期约，日标识界，令各甲认丈尺，晨集暮放。"明清两代，官府逐渐退居幕后督办地位，工程耗费由官、民共同捐资募款，建设管理则多由乡绅组织实施。民国时期，由于国力衰微，政府无暇顾及水利事业发展所有环节，基本都由地方民间自主组织实施。从唐宋至民国这一历史时期，地方民众广泛参与

水利工程发展的集资、建设、管理过程，并通过共同建设、共同管理、共同受益的关联纽带，自下而上形成了以水利为核心的共同体关系。民国时期，水利事业的民间化更是催生了一批地方水利协作社会组织（表6-4）。

表 6-4　民国鄞县地方水利组织

名称	成立时间	主持人	记事
鄞县南塘河浚河局	1924年4月	张中之	由商绅组织，资金多由商人募捐，并征收沿河各乡田年捐、铺户捐和船户捐，总集资16万余元，历4年，全面整修南塘河
东钱湖塘工委员会	1944年5月	俞济民	由商绅为主力及拟规划，被政府改组
东钱湖整理委员会	1945年5月	周大烈	由塘工委改组，专属主管，制定组织大纲，未果
整顿东钱湖协赞会	1946年6月	魏伯祯	由宁波旅沪同乡会发起，负责沪上募捐
东钱湖水利参审会	1947年1月	陈如馨	—
鄞县水利协会	1947年2月	陈佑华	官绅联合，拟修全县水利，未有大举
鄞西水利协会	1948年	张申之	商绅发起，大修风棚等碶，仲夏畈开河等

表格来源：鄞县地方志编纂委员会. 鄞县志[M]. 北京：中华书局，1996.

1949年之后，水利事业管理模式开始出现行政化转变，并逐渐形成由行政机构、事业机构、企业机构共同组成的管理构架。以鄞县为例，1956年鄞县水利局成立，1963年鄞县水利勘测设计室成立，1975年鄞县水利局机井队建立[①]。但在初期，水利兴修的大批资金和劳动力需求，与集体主义思潮不谋而合，刺激了人民公社的产生。一场以人民公社为单位，群众性的水利兴修运动在全国范围内展开。宁波地区同样如此，1951—1978年，农民群众的劳动力折值，占到鄞县水利工程投资的65.14%（表6-5）。在"谁受益，谁投工"的责权关系之下，人民公社实质上就是一个水利共同体社会组织。1978年改革开放之后，家庭联产承包责任制在农村的实行，使人民公社首先在制度上瓦解。这之后，水利事业发展逐渐由政府全盘统筹。行政机构组织管理、事业机构规划设计、企业机构施工建设的运作模式，成为水利事业发展的主流（表6-6）。今天，随着综合国力的提

---

① 《鄞县水利志》编纂办公室. 鄞县水利志[M]. 南京：河海大学出版社，1992.

升、工程技术的革新，政府对水利事业的统筹能力愈发强化。水行政主管部门和专业开发机构相结合，分级和分部门管理相结合的制度体系日益完善。比如，宁波市水利局作为主管全市水利工作的市政府部门，既有各区、县（市）分局分管地方工作，也有11个局属单位专门负责相应专业事宜（表6-7）。与此同时，在产业结构不断调整的过程当中，乡土社会也逐渐丧失了参与水利建设、管理的必要性和利益诉求。地方民众共同建设、共同管理环节的缺失，导致过去以水利为中心的社会关系组织功能彻底瓦解。

表6-5 1951—1978年鄞县水利工程投资状况　　　　　　单位：万元

年份	省拨资金	县自筹资金	乡村自筹资金	劳动力折值
1951—1978	3906.35	473.93	527.55	9171.03
占比/（%）	27.75	3.37	3.75	65.14

表格来源：笔者绘制。

参考资料：鄞县地方志编纂委员会. 鄞县志[M]. 北京：中华书局，1996.

表6-6 1978—1988年鄞县主要水利工程组织、设计、施工单位一览表

工程名称	起讫时间	组织单位	设计单位	施工单位
皎口水库保坝工程	1983—1987年	皎口水库管理所	省水电勘测设计院	浙江省水电工程局三处
三溪浦水库保坝溢流道	1982—1988年	三溪浦水库管理所	鄞县水利局	宁海桑洲工程队
东江引水工程	1982—1984年	东江工程指挥部	宁波市水电勘测设计室，中国船舶工业总公司第九设计院	上海基础公司工程队，温岭工程队、鄞县机井队
洪水湾排洪闸节制闸	1986—1988年	鄞江水利枢纽工程指挥部	鄞县水利勘测设计室	奉化第二建筑公司工程队

表格来源：笔者绘制

参考资料：《鄞县水利志》编纂办公室. 鄞县水利志[M]. 南京：河海大学出版社，1992.

表 6-7　宁波市水利局局属单位职能一览表

局属单位		工作职责
宁波市水利局	水政监察队	监督水政监察执法，协调水事纠纷，审查政策法规等
	水利工程质量与安全监督站	水利工程建设质量与安全的监督、检查、处理等
	农村水利管理处	农村水利建设工作的指导、管理、监督、培训等
	水资源信息管理中心	全市水利信息系统的建设、管理、技术推广等
	水文站	水文基础设施建设管理、数据测验整编、使用管理等
	水利发展研究中心	水利发展及工程建设相关的规划研究、技术审查工作
	三江河道管理局	三江和甬新河的维护、保洁、巡查、执法、监督等
	白溪水库管理局	水库大坝的安全运行管理、灾害防控调度等
	周公宅水库管理局	水库大坝的安全运行管理、灾害防控调度等
	皎口水库管理局	水库大坝的安全运行管理、灾害防控调度等
	水利水电规划设计研究院	承担全市范围内水利水电规划和设计工作

表格来源：笔者绘制。
资料来源：宁波市水利局官网 http://www.nbwater.gov.cn/。

总而言之，陆运交通的技术变革和水利事业的政府统筹，使得水运不再是带动经济发展的引擎，水利不再是社会关系组织的纽带，以水利为核心的区域性社会关系体系逐渐解构。在空间层面，农业时代水利体系作为影响城乡历史聚落形态的显性存在，也逐渐隐匿于工业时代、后工业时代的城市化浪潮之后，成为一种隐性存在。

第二节　反转：城乡文化遗产分布中的水利结构

现代社会物质极度丰富、快速更新的同时，人们对历史文化的关注度也日益提升，文化遗产保护工作越来越受到重视。农业时代水利社会影响下所创造的许多物质和非物质财富，纷纷成为文化遗产保护对象。受此影响,过去城乡历史聚落形态中的水利格局,在经历遗产化过程之后,逐渐转变为城乡文化遗产分布中的水利格局。也就是说,从发展角度看,水利体系由于核心动力作用的消失,在聚落空间中从显性存在变为隐性存在;但从保护角度看,水利体系由于其与聚落空间的历史关联性,在遗产格局中又从隐性存在变为显性存在,重新成为文化空间纽带。

一、水利体系中的文化遗产要素

从遗产要素类型来看,水利遗产包括工程和非工程两类,其中工程遗产以古代农业灌溉、防洪排涝、水利运输等水利工程为核心,是水利遗产的主要形态;非工程遗产是依附水利管理和水利信仰而产生的文化活动、文献典籍、民俗技艺等文化遗存[1]。

1. 水利工程文化遗产

海侵地区过去修建了大量碶、闸、堰、坝等水利工程,其中大多数在时代发展过程中,逐渐丧失了蓄淡、阻咸、灌溉、航运的功能意义。所谓"功能结束之日,记忆开始之时",当水利设施失去原有功能而变成一个纯粹的形式时,它的文化价值和历史意义便凸显出来[2]。今天,古代水利工程的历史文化、科学技术价值,受到社会各界的广泛关注。水利工程文化遗产也成为遗产保护的重要门类,以作为水利社会时期劳动人民伟大智慧的历史见证[3]。近30年来,宁波市先后有39处水利工程或相关遗存,成为文物保护点、文物保护单位乃至世界遗产(图6-2,表6-8)。从图中可以看到,除象山县之外,其余水利工程文化遗产基本集中分布于宁波平原的"三江六塘河"水利体系之中。

---

[1] 谭徐明. 水文化遗产的定义、特点、类型与价值阐释[J]. 中国水利,2012 (21):1-4.

[2] 何依,邓巍,周浪浪. 功能结束之日,记忆开始之时——宁波老外滩整治规划 [J]. 城市建筑,2011 (2):54-56.

[3] 谭徐明. 水文化遗产的定义、特点、类型与价值阐释[J]. 中国水利,2012 (21):1-4.

图 6-2 宁波水利工程文化遗产分布示意图

(图片来源：笔者绘制)

表 6-8　宁波市水利工程文化遗产统计表

全国重点文物保护单位（3 处）

名称	年代	位置	公布时间	详细信息
它山堰	唐代	海曙鄞江镇它山堰村	1988 年 1 月	2015 年 10 月，它山堰成为"世界灌溉工程遗产"
大运河（宁波段）	春秋—现代	余姚、江北、海曙、鄞州	2013 年 3 月	由浙东运河上虞—余姚段、浙东运河宁波段、姚江水利航运设施宁波三江口、水则碑组成。2014 年 6 月，大运河（宁波段）成为"世界文化遗产"
浙江沿海灯塔	近代	镇海七里屿岛、渔山列岛、象山石浦东门渔村	2013 年 3 月	灯塔总共有 13 处，其中七里屿灯塔、北渔山灯塔、东门灯塔在宁波，其余在舟山定海区海域

省级文物保护单位（9 处）

名称	年代	位置	公布时间	详细信息
镇海后海塘	唐—清	镇海招宝山街道、蛟川街道内	1989 年 12 月	除塘体之外，塘上还有望海楼及历代碑刻，如明代建城碑亭
水则碑	南宋	府城月湖东平桥	2005 年 3 月	古代水利观测、管理的实物例证
姚江水利航运设施及相关遗产群	清—现代	余姚、江北姚江河道沿线	2011 年 1 月	由陆埠大浦口闸、丈亭三江运口老街和姚江大闸组成
浙东运河河道——西塘河	宋代	海曙高桥镇	2011 年 1 月	作为浙东运河河道组成部分，成为省文物保护单位

续表

省级文物保护单位（9处）				
名称	年代	位置	公布时间	详细信息
宁波水利航运遗址碑	元—清	江东安庆会馆、海曙天一阁、镇海十七房村	2011年1月	遗址碑共4块，分别是清代甬东天后宫碑铭、元代庆元绍兴海运达鲁花赤千户所记碑、元代移建海道都漕运万户府记碑、清代澥浦水运管理碑——奉宪勒石
小浃江碶闸群	明—现代	北仑小港街道和戚家山街道	2011年1月	由明代东岗碶、清代燕山碶、清代义成碶、新中国浃水大闸组成
双河堰	唐代	慈溪桥头镇烟墩洋塘村	2011年1月	保存基本完好，今天仍在发挥水位节制作用
马渚横河水利航运设施	1952—1986年	余姚马渚镇斗门村、西横河村	2011年1月	由斗门老闸、斗门新闸和升船机、西横河闸和升船机三部分组成
姚江运河渡口群	清代	江北半浦村、庄桥街道、慈城镇	2017年1月	由半浦渡口、青林渡口、李碶渡口和都神殿组成

市、县（市）、区级文物保护单位（11处）				
名称	年代	位置	公布时间	等级
金鸡堰	清代	鄞州塘溪邹溪村	1994年11月	鄞州区级
宋徽宗御笔碑	北宋	集仕港镇广德庵	2005年4月	海曙区级
回沙闸古遗址	南宋	鄞江镇它山堰村	2010年9月	海曙区级
乌金碶	唐代	洞桥镇上水碶村	2010年9月	海曙区级
泥峙堰	—	横街镇溪下村	2010年9月	海曙区级

续表

市、县（市）、区级文物保护单位（11 处）				
名称	年代	位置	公布时间	等级
清垫夹塘	唐代	集仕港镇万众村	2010 年 9 月	海曙区级
射雀岗畈梯田	宋代	横街镇爱岭村	2010 年 9 月	海曙区级
洪水湾古塘遗址	南宋	鄞江镇它山堰村	2010 年 9 月	海曙区级
仓门埠头	—	古林镇西洋港村	2014 年 7 月	海曙区级
高塘潮汐水电站	1972 年	象山县高塘岛乡	2011 年 4 月	象山县级
障川碶	民国	象山县丹西街道	2011 年 4 月	象山县级

文物保护点（16 处）				
名称	年代	位置	公布时间	等级
澄浪堰	南宋	海曙区澄浪南路	2003 年 8 月	宁波市级
东钱湖堰碶坝群	宋代	东钱湖域	2013 年 3 月	宁波市级，包括莫枝堰碶坝、平水堰坝、大堰堰坝、钱堰堰碶、高湫堰
钟山渡槽	1967 年	陆埠镇钟山	2010 年 11 月	余姚市级
马家堰	清代	牟山镇新东吴村	2010 年 11 月	余姚市级
梁家堰	明代	阳明街道梁堰村	2014 年 11 月	余姚市级
前龙头灯塔	1950 年	鹤浦镇前龙头村	2010 年 12 月	象山县级
大雷山灯塔	民国	墙头镇方家岙村	2010 年 12 月	象山县级
人民胜利碶	1953 年	定塘镇大塘港	2010 年 12 月	象山县级
文山塘坝	清代	茅洋乡文山村	2010 年 12 月	象山县级
中河水利警示碑	清代	北仑陈华村	1993 年 8 月	北仑区级

续表

文物保护点（16 处）				
名称	年代	位置	公布时间	等级
狗颈塘	清代	石碶街道车河渡	2007 年 8 月	海曙区级
积渎碶	唐代	石碶街道横涨村	2010 年 9 月	海曙区级
仇家翻石渡	明代	石碶街道仇家村	2010 年 9 月	海曙区级
大西坝翻水站	1962 年	高桥镇大西坝村	2010 年 9 月	海曙区级
五洞闸	1954 年	高桥镇民乐村	2010 年 9 月	海曙区级
泥螺山航标灯塔	民国	澥浦镇汇源社区	2011 年 2 月	镇海区级

表格来源：笔者绘制。

参考资料：宁波文化遗产保护网，http://www.nbwb.net/。

备注：黑色加粗项为世界遗产，古井遗存未统计在内。

2. 水利非工程文化遗产

在宁波漫长的水利社会过程中，留下了数量丰富、类型多样的非物质文化，其中包括与水利管理相关的制度设计、文献记录，以及与水利信仰相关的文化活动、故事传说等。它们通过仪式体化系统、文本符号系统，在日常生活生产中口口相传、代代相传，是水利社会精神性存在的有力见证，也是宁波地域文化特色的重要符号。但是，由于非物质文化遗产保护工作的滞后，与工程文化遗产的丰富性和多样性相比，目前宁波水利非工程文化遗产不仅数量稀少，而且类型单一。据不完全统计，在宁波的国家、省、市三级非物质文化遗产名录中，与水利记忆直接相关的仅有 7 项，并以民俗庙会为主要形式（表 6-9）。

表 6-9　宁波水利非工程文化遗产统计表

名称	申报区县	等级与类别	公布时间	备注
鄞江它山庙会	海曙区	省级，民俗庙会	2012 年 6 月	纪念王元㻋建它山堰的庙会
渔翁捉蚌	海曙区	市级，传统舞蹈	2008 年 6 月	演绎渔翁祖孙二人，勇斗河蚌精，为民除水害的故事
咸祥八月半渔棉会	鄞州区	省级，民俗庙会	2016 年 12 月	纪念杨懿县令筑塘围涂、改造田地之功，庆祝丰收的庙会
萧王庙庙会	奉化区	市级，民俗庙会	2008 年 6 月	纪念萧世显治水殉职的庙会
泗门元宵灯会	余姚市	市级，民俗庙会	2010 年 6 月	纪念叶恒修筑海堤的庙会
前童元宵行会	宁海县	国家级，民俗庙会	2014 年 12 月	纪念童氏先祖治水的庙会
大塘红庙庙会	象山县	市级，民俗庙会	2011 年 1 月	纪念先贤围海垦田的庙会

表格来源：笔者绘制。

参考资料：宁波市非物质文化遗产网，http://www.ihningbo.cn/index.html。

二、名城、名镇、名村中的水利结构

从名城、名镇、名村的聚落层面来看，宁波遗产空间水利结构的形成主要有三方面原因。首先，水利纽带作为过去社会经济发展的动力引擎，孕育了许多经济、文化高度繁荣的城市聚落，集中了大量农业时代的物质、非物质财富。这些城市聚落作为古代社会历史文化的精华和典型代表，率先被纳入保护名录。比如，东南港埠宁波市，在 1986 年被列为中国第二批历史文化名城；浙东运河枢纽余姚市，在1991年被列为浙江省第一批历史文化名城。其次，那些因水而生、因水而兴的水运市镇，虽然在因水而衰的过程中，迅速被快速城市化、现代化的新型城镇抛离。但是，缓慢发展下的无奈命运，恰恰成为遗产角度聚落保护的正面事实。许多因水而衰的水运市镇，因遗存丰富、保存完整，成为稀有的历史文化资源，先后被纳入保护名录。比如，慈江畔曾经的慈城县，在2005年被列为中国第二批历史文化名镇；中塘河畔曾拥有"鄞西第一古街"的凤岙镇，在2016年被列为浙江省第五批历史文化名村；东钱湖畔曾拥有"浙东第一街"的韩岭镇，在2005年被列为宁波市第一批历史文化名村。最后，宁波水利体系的完善，为乡村聚落发展提供了长期稳定的良好条件，孕育了一大批蓬勃发展的宗族聚落。它们中的优秀代表，近年来作为"乡愁记忆"的物质见证得到广泛保护。这其中，既有水运航道上中的渡口型村落，也有灌溉河网中的农业型村落，还有海迹湖畔的渔业型村落。比如姚江两岸的千年古渡半浦村和大西坝村，在2016年被列入浙江省第五批历史文化名村；南塘河流域的田园古村蜃蛟村和前虞村，在2014年、2015年先后被列入宁波市历史文化名村；东钱湖域的渔业古村陶公村和殷湾村，也均已成为宁波市历史文化名村。

截至2021年底，宁波市有各级历史文化名城、名镇、名村82个（表1-5），广泛分布于市域范围内的山野田原中。其中36个的空间位置，与中心平原的"三江六塘河"水利体系或三北平原的海塘体系相耦合（图6-3）。另外，从宁波市文物保护单位的分布情况来看，这一遗产空间水利结构同样存在。正因如此，在2015年的《宁波历史文化名城保护规划》中，同济城市规划设计研究院将宁波市中北部涵盖中心城区、余姚市、慈溪市、奉化区、镇海区、北仑区的广大区域，整体划为"三江文化圈"，与宁海县的"山地文化圈"、象山县的"海洋文化圈"相对应（图6-4）。据此可以判断，水利体系是宁波城乡文化遗产空间分布的主要结构形态。

第六章 现代语境下"水利—聚落"关系再思考 | 193

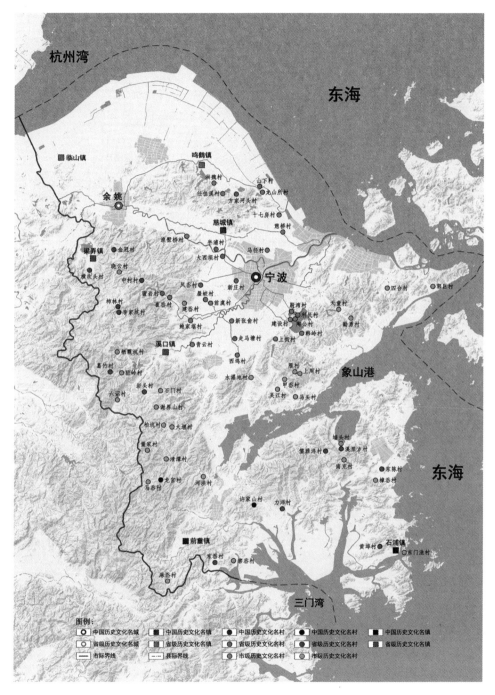

图 6-3 宁波历史文化名城、名镇、名村中的水利结构示意图
（图片来源：笔者绘制）

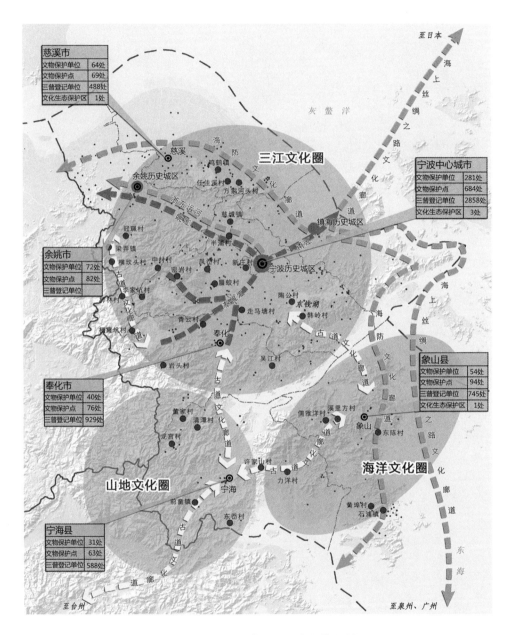

图 6-4 宁波市域历史文化遗产保护规划图

(图片来源:同济城市规划设计研究院于 2015 年编制的《宁波市历史文化名城保护规划》)

第三节　传承：水利文脉中的城乡文化遗产保护

过去，中国遗产保护制度设计，主要是在城、乡聚落类型基础上，进行分级分类保护。历史文化名城、历史城区、历史街区、历史文化村镇的门类划分，尽管实现了保护对象的城乡覆盖，但其城乡二元分化的制度逻辑、以聚落个体为单位的实施路径、以物质遗存为核心的要素选取，在一定程度上忽视了城乡之间、聚落之间、物质与非物质文化遗产之间可能存在的历史联系。比如，宁波城乡文化遗产分布中水利结构的存在，不仅使城、乡聚落遗产之间，而且使物质、非物质遗产之间，具有天然的历史关联性。其作为一个整体的历史文化价值，显然要远远超过任何单一聚落个体或单方面物质要素。针对过去保护工作系统性不强、整体性不够的问题，2021年，中共中央办公厅、国务院办公厅印发的《关于在城乡建设中加强历史文化保护传承的意见》指出，要建立分类科学、保护有力、管理有效的城乡历史文化保护传承体系……做到空间全覆盖、要素全囊括。这就要求未来宁波城乡文化遗产保护，必须根据地方特色构建一种水利文脉下的区域整体保护策略。首先，要在思想层面"建立城乡一体化的水利关联视野"，以突破聚焦聚落本体、水利本体的思维局限；然后，要在空间层面"划分文化关联性的水利单元集群"，以提供超越聚落个体的规划实践载体；最后，要在方法层面"制定虚实互动型的水利传承路径"，以打破物质、非物质文化遗产各自为政的实施困境。

一、建立城乡一体化的水利关联视野

在历史的编户齐民制度下，明州城作为府治中心，其与周边地区的广大城乡聚落之间，在行政上自然是"治所—经野"的城乡一体关系。同时，由于水利体系的关联作用，它们在社会、经济、文化、空间等方面，更是一个紧密联系的共同体。所谓"城乡一体化的水利关联视野"（后文简称"关联视野"），就是从宁波历史的水利关联性出发，在区域关系中认识遗产价值，从整体角度考量保护对象和方法的思维观念。城乡一体化

的整体性价值，是现有保护制度"二元"思维、"个体"思维所无法涵盖和呈现的。关联视野的建立，恰恰能弥补这一缺陷，其不同之处主要表现在两个方面：其一，是对保护体制之外水利伴生聚落的关注；其二，是对历史聚落之外水利环境要素的关注。

1. 保护体制之外，水利伴生聚落的价值认识

现有历史文化名城、名镇、名村的评定，基本是以聚落物质遗存条件作为价值判断标准，即物质本体维度的"什么好保什么"。由于关联视野价值判断维度的缺失，宁波许多水利伴生聚落的历史文化价值被大大低估，因而游离于保护体制之外。面对乡愁经济、乡村振兴热潮，它们抵抗市场资本的能力极为有限，甚至面临整村拆迁的悲惨命运。

以东钱湖为例，在其历史的城乡一体关系中，韩岭镇、莫枝镇、下水乡、钱堰头村、大堰村这5个水利伴生聚落，具有相对特殊的重要地位。其中，韩岭镇是"东钱湖—岭南山古道—塘溪"的交通枢纽，莫枝镇是莫枝堰碶下"东钱湖—中塘河—宁波"的水利、交通枢纽，下水乡是"东钱湖—大嵩岭古道—瞻岐"的交通枢纽，钱堰头村是钱堰碶下"东钱湖—小浹江—东海"捕鱼专线的水利、交通枢纽，大堰村是大堰碶下"东钱湖—前塘河—宁波"的水利枢纽（图6-5）。从关联视野来看，它们作为东钱湖区域内外联系的咽喉、枢纽，具有不同于湖域其他村镇聚落的保护价值。但是，它们的现实命运却并非全都如此。韩岭村以其良好的遗存条件，成为宁波市第一批市级历史文化名村，得到完整保护；莫枝村和下水村，以其过去的市镇中心地位，成为湖域行政中心村，得到发展延续；钱堰头村目前已经严重空心化和老龄化，围绕其拆迁的议题，正成为地方民众的讨论焦点；大堰村则早在2004年就已整村拆迁，取而代之的是"柏悦度假酒店"。大堰村这一重要节点消失之后，前塘河沿线的城乡一体关系便不再完整。

对于宁波城乡一体化的水利关联整体性而言，水利伴生聚落无论遗存条件如何，其"存在"就是一种重要的物质见证，其"消失"则是不可挽回的结构消解。关联视野之下，对保护体制之外水利伴生聚落的价值认识，并不是要夸大其个体历史价值，以谋求法定保护身份，而是要正视其在区域整体关系中承前启后的衔接、转换价值，赋予其继续生存的文化身

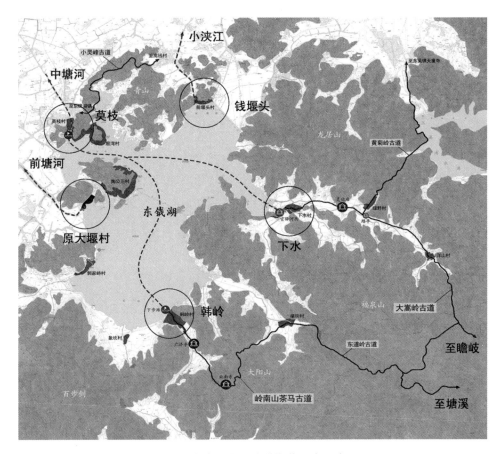

图 6-5 东钱湖水利关联聚落分布示意图
（图片来源：笔者绘制）

份和正当理由。换句话说，保护钱堰头村、大堰村一类水利伴生聚落，在未来发展过程中免遭拆迁的悲惨命运，就是关联视野下重新认识其遗产价值的目的所在。

2. 历史聚落之外，水利环境要素的保护关注

随着保护视野从聚落向城乡区域的扩展，对历史聚落之外水利环境要素的关注，自然成为应有之意。因为，无论是历史聚落点状空间，还是连接纽带线性空间，都是呈现宁波城乡一体化整体性价值的重要物质载体。

尽管如前文所述，水利文化遗产已经成为城乡文化遗产的重要门类。但是，必须清楚认识到，现阶段水利文化遗产的认定，基本还是在工程技术范畴内就水利论水利的价值判断，缺乏一种水利与城乡聚落关联的整体

视野。以宁波市"三江六塘河"水利河网体系为例，姚江、甬江、西塘河作为大运河（宁波段）的组成部分，受到遗产保护界的高度重视，先后于2011年成为省级文物保护单位，2013年成为全国重点文物保护单位，2014年成为世界文化遗产（图6-6）。相比较而言，奉化江及其余五条塘河因与大运河关联不足，并未受到足够重视。关联视野下，水利环境要素的价值判断，需要跳出水利范畴本身，从区域关系中重新认识。唐宋时期的南塘河、中塘河、前塘河、后塘河，在工程方面的价值并不突出，但其作为宁波府城与周边历史村镇一直以来的社会、经济、文化、空间纽带，凝聚了当地厚重的历史记忆，具有极为重要的文化价值。从这个角度看，即便像西塘河一样，被赋予文物保护单位的法定身份，也可以说毫不夸张。

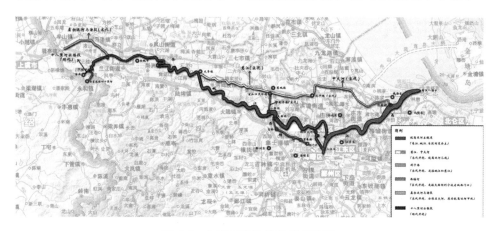

图6-6　大运河宁波段航道示意图

(图片来源：宁波市文化遗产保护网 www.nbwb.net)

总而言之，建立城乡一体化的水利关联视野，需要我们从遗产本体和区域关系两个不同维度，进行历史文化遗产价值判断，让那些在区域关系中具有重要作用、个体价值并不突出的历史遗存，也能得到适当保护，从而更好地呈现宁波城乡历史聚落共同体的整体价值。

二、划分文化关联性的水利单元集群

历史上，宁波城乡聚落虽然在水利关联作用下成为一个整体，但其内部不同亚单元之间的差异化水文环境，也孕育了各不相同的社会经济形态和历史文化特色。

鄞东南的东钱湖，既是过去鄞县东七乡的农业灌溉水源，也是宁波最大的淡水湖渔场，还是象山海货运往宁波的必经之地。因此，鄞东南形成了以"渔""农"为主的经济形态，以东钱湖为核心的文化斑块。鄞西的它山堰水利系统，不仅是广德湖废后鄞西七乡的灌溉水源，而且是西部四明山山货运往宁波的主要水运通道。因此，鄞西形成了以"山""农"为主的经济形态，以它山堰水利系统为核心的文化斑块。姚江、甬江流域，运河水利港通天下的便利交通，推动了商贸经济的蓬勃发展，从而形成以"商""农"为主的经济形态，以大运河（宁波段）为核心的文化斑块。三北地区，海塘内外土地的交替垦殖，形成了以"盐""农"为主的经济形态，以海塘为核心的文化斑块。这一文化关联性特征下形成的东钱湖水利单元集群、它山堰水利单元集群、大运河（宁波段）水利单元集群、海塘水利单元集群（图6-7），为宁波城乡文化遗产整体保护策略的实施，提供了一个面域层次的规划实践载体。它们的出现，对遗产的整体保护和发展都具有重要意义，不仅能提升保护的系统性，而且能加强发展的协同性。

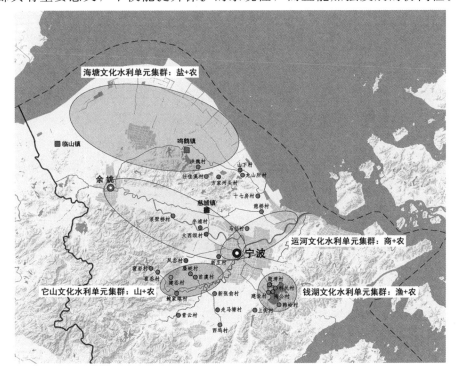

图 6-7 宁波水利单元集群划分示意图

（图片来源：笔者绘制）

从保护角度看，由于文化遗存要素的大范围集聚，水利单元集群内部的多样性和复杂性问题远远超过个体聚落的量级，因而也对保护方法措施提出了更高的系统性要求。首先，在聚落层面，集群内村镇聚落历史遗存条件各不相同，各自反映了不同历史时期的风貌特征。在保护过程中，既不能等量齐观，也难以用"名村""非名村"的二元标准简单区分，而必须根据聚落遗存条件，采用分等级梯度保护的方法。如此一来，保护体制之外水利伴生聚落的历史价值，在集群内也能得到认可和保护。其次，在要素层面，相同文化基因下遗产要素的区域分布，使得按要素门类的遗存系列保护成为可能。除聚落内的家族院落、古树古街之外，聚落外的水利设施、古道路亭、寺观庙宇等环境景观要素，均可纳入保护范围，从而形成覆盖集群全域的遗产要素保护体系。

从发展角度看，水利单元集群内历史文化资源的集聚，有利于形成规模效应，促进聚落之间协同发展。这一协同性，主要表现在两个方面。首先，是名村与名村之间资源开发利用的协同合作。单个名村文化资源开发的广度和深度毕竟是有限的，难以在市场竞争中脱颖而出。但水利单元集群内的名村，文化同质、特色相似，具有协同合作统一开发的条件。这样一来，将大大提升"钱湖文化""它山文化""运河文化""海塘文化"的品牌魅力，形成"主题性"遗产群，比如意大利地中海沿岸的"五渔村"、山西晋中的"晋商大院"群等。其次，是名村与非名村之间配套服务功能的协同分工。在名村发展过程中，如何避免开发建设对历史风貌的消极影响，始终是一大难题。水利单元集群划定之后，聚落范围内不易解决的问题，可以在区域范围内通过分工协作进行化解。名村发展所需的静态交通、旅游接待、餐饮住宿等配套服务设施，均可由就近非名村建设承担，以最大限度保持名村历史风貌的完整性，保护文化品牌的核心资产不被破坏。

近年来，水利单元集群在宁波市规划实践中越来越受到重视，比如，2010年编制完成了《大运河（宁波段）遗产保护规划》，2014年编制完成了《东钱湖传统村庄空间特色研究》，但这还远远不够。未来，宁波城乡历史文化保护传承体系的建构工作，还需借助水利文脉在水利单元集群层面继续推进。

三、制定虚实互动型的水利传承路径

就延续宁波水利文脉而言，文本符号、体化仪式等非物质文化遗存的重要性丝毫不亚于物质遗存。它们是长时段中水利"文而化之"的精神意涵，是水利社会记忆的重要载体。目前，宁波水利遗产保护主要存在两个问题，一是非工程文化遗产保护要素类别单一、数量稀少；二是工程、非工程文化遗产保护的相互割裂。前一问题主要与非物质文化遗产保护工作的滞后有关。未来，随着普查工作的全面推进、保护名录的系统完善，水利非工程文化遗产的类型和数量，必然得到丰富和提升。后一问题，则与文物单位、文化单位责权关系二元划分的制度设计有关。物质与非物质的割裂，贯穿遗产普查、价值认定、保护措施、实施方略的始终。甚至，遗产信息门户网站都被划分为"宁波文化遗产保护网"和"宁波市非物质文化遗产网"两个。因此，未来宁波水利文脉下区域整体保护策略的实施，势必要形成一种物质与非物质彼此关联、相互映衬的互动局面。唯有如此，才能使抽象的精神遗存，真正成为触手可及的历史记忆，才能使具象的物质遗存，真正拥有能识、可读、有意义的文化内涵。从宁波水利社会记忆内涵、水利非工程文化遗产内容来看，这样一条虚实互动型的水利传承路径，大致可以从以下两方面着手：一是整体性建构文本与地点结合的叙事系统，二是选择性恢复仪式与场所结合的操演系统。

1. 整体性建构文本与地点结合的叙事系统

所谓"文本与地点"的结合，就是将传奇故事、文献典籍、地名文化等水利记忆文本符号，与相应人物、工程、事件的发生地并置，营造出历史记忆与现实空间交汇、碰撞的时空场景。对于物质遗存而言，非物质的图文结合，不仅能提供丰富的历史信息，而且能帮助还原真实的历史面貌。比如，鄞西广德湖被废之后，世人对广德湖山光湖色壮丽景象的畅想，全都来自北宋曾巩的《广德湖记》一文。对于非物质遗产而言，物质的空间结合，不仅能提供历史在场的真实感，而且能突出反映历史发展过程中的古今差异。

根据文本内容的不同，整体性建构"文本与地点"结合的方式主要有三种：其一，是地名文化的空间标识，即以标准化的名牌形式，揭示历史

空间地名文化的水利关联性；其二，是历史人物、事件的故事演绎，即借助公共艺术手法，在历史发生地再现治水人物的丰功伟绩、水利事件的历史场景；其三，是历史工程的图文解说，即通过声、光、图、文等手段，在历史现场展示水利工程建设的艰难过程和技术智慧。这些虚实互动的结合方式，

图 6-8　回沙闸地名文化空间标识

（图片来源：笔者拍摄）

远谈不上高明，甚至已经零散地出现在宁波各地水文化遗产保护实践中。比如，宁波市文物管理单位已对具有文物保护身份的水利空间进行立碑标识（图 6-8）；在东钱湖王安石水利公园，通过雕塑艺术再现了王安石率众治湖的历史场景（图 6-9）；它山堰村借助壁画展示了它山堰水利工程的功能组织与结构体系（图 6-10）。尽管如此，由于宁波水文化遗产数量之丰富、分布之广泛，要在区域层面整体性建构这一叙事系统，仍然任重道远。未来，建立在全面普查基础上的分级、分类处理，将是推进文本与地点结合工作的基本原则。

图 6-9　王安石治水故事演绎

（图片来源：笔者拍摄）

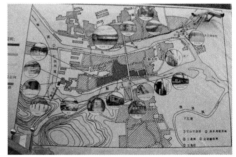

图 6-10　它山堰结构图文解说

（图片来源：笔者拍摄）

2. 选择性恢复仪式与场所结合的操演系统

以民俗庙会为代表的仪式操演系统，天然地具有空间联合的特性。每一个传统操演仪式都有其承袭自历史的固有场所和线路。比如，鄞江它山庙会游走在鄞江两岸，前童元宵行会集聚在前童古村，陶公山九月半庙会

行进在东钱湖畔。据《鄞县志》记载,民国时期鄞县各月赛会多达256次,庙戏多达214次[①]。但是,由于历史的原因,受到发展的影响,其中绝大多数都已停办、消失。目前,宁波水利非工程文化遗产的保护虽以民俗庙会为主,但仅有鄞江它山庙会、咸祥八月半渔棉会、萧王庙庙会、泗门元宵灯会、前童元宵行会、大塘红庙庙会6项被纳入非物质文化遗产名录。与过去水利社会民俗庙会的丰富性相比,这一保护规模显然远远不够。

因此,宁波水利文脉传承,有必要选择性恢复仪式与场所结合的操演系统。筛选条件可以从历史意义和现实需求两方面进行考量。首先,仪式操演本身在历史上必须具备一定的地域特色和文化影响。其次,仪式操演恢复在现实中必须对地域发展具有一定的社会、经济、文化助益。比如,东钱湖陶公山九月半庙会的水路及陆路迎神,曾经是宁波最具水乡特色的民俗盛会。后来,环岛陆路迎神在陶公三村的支持下已经得到恢复,环湖水路迎神却因湖域渔业的整体衰落难以重现。今天,东钱湖风景名胜区作为一个整体,正在快速发展。它的文化魅力不能单凭古建、石刻的静态展示,还应复合文化事件的动态参与。而陶公山九月半庙会水路迎神正是这样一个仪式操演平台。它的恢复,在社会层面可以强化东钱湖人居单元的共同体意识,在经济层面可以提升东钱湖风景名胜区的品牌影响力,在文化层面可以延续东钱湖水利枢纽的历史记忆。倘若能由此及彼,选择性恢复一批水利社会民俗活动,那么宁波水利文脉中的城乡文化遗产保护必将呈现出物质、非物质紧密关联的活跃场景。

---

① 鄞县地方志编纂委员会. 鄞县志[M]. 北京:中华书局,1996.

附 录

附表 4-1 南宋宁波府城内桥梁统计表

厢	桥梁	位置	桥梁	位置	桥梁	位置
西南厢	清澜桥	奉国军门前	四明桥	府南	憧憧桥	月湖众乐亭东
	东湖桥	现尚书桥	西湖桥	现陆殿桥	湖心石桥	—
	清涧桥	甬水门里	葱行桥	府东南	迎凤桥	府东南
	锦照桥	大庙前南	仓桥	振名坊南	福明桥	现城隍庙东
	新桥	现城隍庙西	锦里桥	竹洲西	廨院桥	曾家汇南
	君奢桥	湖桥东	酒务桥	崇教寺侧	众乐桥	湖桥侧
	竹行桥	千岁坊西	永安桥	曾家汇西	章耆巷桥	千岁坊南
	四柱桥	曾家汇南	木拦桥	廨院前东	韩家桥	廨院侧南
	牢家桥	铸冶坊巷	文博桥	铸冶坊巷	江运使桥	大庙前北
	昼锦桥	大庙前南	褚家桥	蒋家带东	普照桥	距府治二里半
	周家桥	铸冶坊巷	宣家桥	千岁坊南	感圣寺桥	—
东南厢	市心桥	南湖头南	吴栏桥	市心桥南	捧花桥	龙舌头南
	水月桥	延庆寺前	洗马桥	新寺后门	新门里石桥	冯计院宅前
	车桥	吴桥门西	行香桥	采莲桥东	孙家石桥	戚家桥西
	狮子桥	兴教寺南	新牌桥	泥桥头南	马家石桥	白龙王庙前
	破石桥	吉祥寺后	古石桥	二十九营前	贺都监桥	新门头
	邱家桥	迪教坊南	戚家桥	南寺后门	南寺后门	戚家桥南
	明州桥	南寺前直	黄家桥	东河际南	马家石桥	东河际
	行宫桥	袁尚书宅西	砖桥	龙舌头北	史学士桥	龙舌头
	王家桥	连桂坊南	史府桥	景德寺侧东	陆家石桥	连桂坊西

续表

厢	桥梁	位置	桥梁	位置	桥梁	位置
东南厢	石桥	汪家巷口	林家桥	全捷营前	马家庄桥	新门头
	王家桥	袁尚书宅前	黄鉴桥	戚家桥东	袁尚书桥	袁尚书宅前
	石桥	赵府前	塔下桥	连桂坊东	汪家木桥	景德寺东
	吴家桥	沙泥巷口	采莲桥	南寺前	马家庄石桥	黄家桥南
	小江桥	积善坊	泥桥	新牌桥东	—	—
西北厢	迎恩桥	望京城门里	虹桥	寿宁坊南	河利桥	项家巷口
	水济桥	路分衙前	董孝桥	报恩观西	惠政桥	报恩贯孝寺前
	阮家桥	—	鉴桥	状元坊	府东门桥	府东
	西上桥	府西北	东上桥	府西北	府西门桥	府西
	碶桥	府东北	盐仓桥	盐仓门	贡院桥	府学西
	府后桥	桃源洞后	顶戴桥	朝桂坊下	中上桥	高侍郎新巷口
	祝都桥	报恩寺后东	方家桥	报恩寺后西	林鳉鱼桥	高侍郎宅前
	杨家桥	报恩寺后西	乌黷桥	忠顺官寨前	府社坛桥	望京门里
东北厢	千岁桥	府东南	皇封桥	府东南	开明桥	鄞县前
	积善桥	鄞县东	生姜桥	鄞县东	盐蛤桥	府东南
	萧家桥	市心	琅琊桥	县东	回途桥	魏家巷口
	余庆桥	县东	做絮桥	廊头	团桥	东渡门里
	张家桥	咸塘	四港桥	市舶务后	都税院桥	东渡门里
	葛家桥	姚家巷口	洗麸桥	东寿昌寺北	市舶司后桥	咸塘东
	洞桥	新河头	隐仙桥	天庆观后	泰和坊桥	鄞县前
	柴家桥	广慧寺后	广慧桥	大梁街	—	—

参考资料：林士民．三江变迁——宁波城市发展史话［M］．宁波：宁波出版社．2002．

附表 4-2　南宋宁波府城内坊巷统计表

厢	坊	位置	厢	坊	位置
东南厢	锦勋坊		西南厢	问俗坊	史府前
	握兰坊	西南厢交界新桥南		史君坊	史府前
	清润坊	西南厢交界新桥南		众乐坊	均奢桥西
	连桂坊	施家巷口		释褐状元坊	均奢桥南
	余庆坊	西南厢交界		行春坊	宝云寺西
	重桂坊	新寺巷口		灵应坊	宣府前
	兴廉坊	洗马桥下		符桂坊	汪运使桥西
	进贤坊	洗马桥南		昼锦坊	楼府东
	吉祥坊	破石桥南		振名坊	仓桥北
	康乐坊	皂角庙巷口		顺成坊	仓桥下
	锦乐坊	—		绶带坊	崇教寺后
	迪教坊	车桥南		惠政坊	天宁寺南
	积善坊	小江桥南	西北厢	宜秋坊	应家巷口
	状元坊	天封塔下		寿宁坊	虹桥北
东北厢	千岁坊	南湖头西南厢交界		崇孝坊	路分衙侧
	安平坊	小梁街巷口		永济坊	奉国楼前
	开明坊	鄞县前		恤仁坊	佛阁下
	拱星坊	廊头巷口		广仁坊	白衣寺巷口
	富荣坊	能仁寺巷		朝士坊	戴家巷口
	广慧坊	大梁街巷口		修文坊	孝文巷口
	泰和坊	县河下		影泉坊	蔡家巷口
	宣化坊	魏家巷口		儒行坊	鉴桥下
西南厢	纯教坊	府桥西		朝桂坊	顶戴桥下
	美禄坊	四明桥西		状元坊	鉴桥下
	迎风坊	西明桥东		状元坊	府学前

参考资料：林士民．三江变迁——宁波城市发展史话 [M]．宁波：宁波出版社．2002．

附表 4-3　宁波市历史文化名村单姓村信息统计表

地区	村落	宗族	祠堂	地区	村落	宗族	祠堂
鄞州	走马塘村	陈氏	陈氏宗祠	奉化	马头村	陈氏	陈氏祠堂
鄞州	上周村	周氏	维新堂、祖乐堂	奉化	吴江村	吴氏	永思堂、昭孝堂
鄞州	上街村	王氏	王家大厅	奉化	董家村	董氏	董氏祠堂
海曙	新庄村	周氏	周氏宗祠	奉化	岩头村	毛氏	毛氏宗祠
海曙	前虞村	虞氏	虞氏宗祠	奉化	葛竹村	王氏	王氏宗祠
海曙	鲍家墈村	鲍氏	—	奉化	石门村	毛氏	兴义堂
海曙	密岩村	应氏	桂馥堂	奉化	柏坑村	王氏	王氏宗祠
海曙	李家坑村	李氏	李氏家庙	奉化	西坞村	邬氏	新老祠堂
海曙	崔岙村	崔氏	崔氏宗祠	奉化	大堰村	王氏	—
江北	马径村	张氏	张氏宗祠	奉化	栖霞坑村	王氏	王氏宗祠
象山	黄埠村	潘氏	潘氏宗祠	宁海	清潭村	张氏	飞凤祠
象山	儒雅洋村	何氏	何恭房祠堂	宁海	马岙村	俞氏	俞氏宗祠
象山	溪里方村	方氏	方家祠堂	宁海	箬岙村	褚氏	褚氏宗祠
象山	南充村	郑氏	永丰庙（家庙）	宁海	龙宫村	陈氏	陈氏宗祠
象山	东陈村	陈氏	鉴池公祠	镇海	十七房村	郑氏	郑氏宗祠
象山	樟岙村	鲍氏	—	余姚	晓云村	褚氏	褚氏宗祠
慈溪	山下村	虞氏	虞氏宗祠	余姚	柿林村	沈氏	沈氏宗祠
慈溪	方家河头	方氏	方氏宗祠	余姚	浪墅桥村	钱氏	钱氏宗祠
慈溪	任家溪村	任氏	任氏祠堂				

表格来源：笔者绘制。

附表 4-4　宁波市历史文化名村主姓村信息统计表

地区	村落	宗族	祠堂
鄞州	新张俞村	张氏、俞氏	张氏祠堂、俞氏祠堂
鄞州	韩岭村	郑氏、金氏、孙氏	郑氏宗祠、金氏宗祠
鄞州	殷湾村	郑氏、孙氏、项氏	庆袭槐堂（郑氏）、孙氏宗祠、惇叙堂（项氏）
鄞州	建设村	朱氏、王氏、余氏	朱氏宗祠、王氏宗祠、余氏宗祠
鄞州	陶公村	忻氏、许氏	忻氏宗祠、许氏宗祠

续表

地区	村落	宗族	祠堂
鄞州	利民村	曹氏、史氏	曹家祠堂、史家祠堂
	雁村	童氏、夏氏	童氏宗祠
海曙	蜃蛟村	周氏、魏氏、闻氏	闻氏祠堂
	建岙村	唐氏、马氏、童氏	唐氏宗祠、马氏宗祠
宁海	许家山村	叶氏、张氏	叶氏祠堂、张氏祠堂
	力洋村	叶氏、冯氏	叶氏祠堂（遗址）、冯氏宗祠（遗址）
	麻岙村	陈氏、王氏、麻氏	陈氏宗祠、王氏宗祠、麻氏宗祠
	东岙村	王氏、褚氏、陈氏、林氏	王氏宗祠、褚氏宗祠、陈氏宗祠、林氏宗祠
奉化	谢界山村	陆氏、毛氏	—
	水塔地村	陈氏、孙氏、杨氏	—
	甲岙村	吕氏、沈氏	吕氏祠堂、老庙（祠堂庙宇）
	青云村	孙氏、杨氏、戴氏	孙氏宗祠、杨氏宗祠、戴氏宗祠
余姚	金冠村	朱氏、何氏	兴隆庙（坛庙祠堂）
	中村	龚氏、郑氏	仙圣庙（龚姓祭祖）、郑氏中和堂
慈溪	洪魏村	洪氏、魏水	洪家祠堂、魏家祠堂
江北	半浦村	郑氏、周氏	老祠堂、周家祠堂
镇海	憩桥村	贝氏、夏氏	贝氏宗祠、夏氏宗祠
北仑	四合村	曹氏、虞氏	—
象山	墙头村	欧氏、陈氏	欧家祠堂、陈家祠堂

表格来源：笔者绘制。

参考文献

（一）出版著作

[1] 魏特夫．东方专制主义：对于极权力量的比较研究［M］．徐式谷，奚瑞森，邹如山，译．北京：中国社会科学出版社，1989．

[2] 弗里德曼．中国东南的宗族组织［M］．刘晓春，译．上海：上海人民出版社，2000．

[3] 施坚雅．中华帝国晚期的城市［M］．叶光庭，徐自立，王嗣均，等译．北京：中华书局，2000．

[4] 斯波义信．宋代江南经济史研究［M］．方健，何忠礼，译．南京：江苏人民出版社，2012．

[5] 康纳顿．社会如何记忆［M］．纳日碧力戈，译．上海：上海人民出版社，2000．

[6] 林奇．城市形态［M］．林庆怡，译．北京：华夏出版社，2003．

[7] 科斯托夫．城市的形成：历史进程中的城市模式和城市意义［M］．单皓，译．北京：中国建筑工业出版社，2005．

[8] 科大卫．皇帝和祖宗：华南的国家与宗族［M］．卜永坚，译．南京：江苏人民出版社，2010．

[9] 金其铭．聚落地理［M］．南京：南京师范大学出版社，1984．

[10] 吴庆洲．中国古城防洪研究［M］．北京：中国建筑工业出版社，2009．

[11] 冀朝鼎．中国历史上的基本经济区［M］．杭州：浙江人民出版社，2016．

[12] 何依．四维城市——城市历史环境研究的理论、方法与实践［M］．北京：中国建筑工业出版社，2016．

[13] 武进．中国城市形态［M］．西安：陕西人民出版社，1990．

[14] 冯贤亮．近世浙西的环境、水利与社会［M］．北京：中国社会科学出版社，2010．

[15] 岳邦瑞．绿洲建筑论——地域资源约束下的新疆绿洲聚落营造模式［M］．上海：同济大学出版社，2011．

[16] 邱志荣，陈鹏儿. 浙东运河史 [M]. 北京：中国文史出版社，2014.
[17] 林士民. 三江变迁——宁波城市发展史话 [M]. 宁波：宁波出版社，2002.
[18] 邱枫. 宁波古村落史研究 [M]. 杭州：浙江大学出版社，2011.
[19] 周时奋. 话说鄞州 [M]. 杭州：浙江摄影出版社，2010.
[20] 王清毅. 慈溪海堤集 [M]. 北京：方志出版社，2004.
[21] 黄文杰. 文·化宁波——宁波文化的空间变迁与历史表征 [M]. 杭州：浙江大学出版社，2015.
[22] 方东. 三北围垦文化史稿 [M]. 北京：中共党史出版社，2010.
[23] 俞珍芬. 人文庄市 [M]. 北京：中国文史出版社，2007.
[24] 张伟. 浙江海洋文化与经济（第5辑）[M]. 北京：海洋出版社，2011.
[25] 王水. 江南民间信仰调查 [M]. 上海：上海文艺出版社，2006.
[26] 徐雪英. 宁波地名文化 [M]. 杭州：浙江大学出版社，2014.
[27] 谢振岳. 鄞县庙会风俗 [M]. 不详，1993.
[28] 朱金茂，杨胜隽，林巧红. 四明遗韵：宁波市传统村落拾贝 [M]. 宁波：宁波出版社，2013.
[29] 仇国华. 宁波东钱湖镇文化研究：庙祠篇 [M]. 宁波：宁波出版社，2010.
[30] 鲍贤昌，陆良华. 四明风韵 [M]. 宁波：宁波出版社，2015.
[31] 鲍贤昌，陆良华. 探寻古鄞 [M]. 宁波：宁波出版社，2012.
[32] 仇国华. 新编东钱湖志 [M]. 宁波：宁波出版社，2014.
[33] 曹屯裕. 浙东文化概论 [M]. 宁波：宁波出版社，1997.
[34] 宁波市文化广电新闻出版局. 甬上风华——宁波市非物质文化遗产大观 [M]. 宁波：宁波出版社，2011.
[35] 鄞县地方志编纂委员会. 鄞县志 [M]. 北京：中华书局，1996.
[36] 宁波市地方志编纂委员会办公室，浙江省工程勘察院，宁波国土测绘院. 宁波市情图志 [M]. 哈尔滨：哈尔滨地图出版社，2011.
[37] 宁波市地方志编纂委员会. 宁波市志 [M]. 北京：中华书局，1995.
[38] 《鄞县水利志》编纂办公室. 鄞县水利志 [M]. 南京：河海大学出版社，1992.
[39] 宁波市文化局. 海上丝绸之路——中国宁波 [M]. [出版地不详]，2003.
[40] 慈溪市地方志编纂委员会. 慈溪市志 [M]. 杭州：浙江人民出版社，2015.
[41] 《余姚市水利志》编纂委员会. 余姚市水利志 [M]. 北京：水利电力出版社，1993.

[42]　《慈溪水利志》编纂委员会. 慈溪水利志[M]. 杭州：浙江人民出版社，1991.
[43]　《宁波市地图集》编纂委员会. 宁波市地图集[M]. 北京：中国地图出版社，2012.
[44]　慈溪市地方志编纂委员会. 新编慈溪市图志[M]. 西安：西安地图出版社，2013.
[45]　慈城文保站. 慈城：《光绪·慈溪县志》节选[M]. 宁波：宁波出版社，2003.
[46]　《镇海县水利志》编纂委员会. 镇海县水利志[M]. 杭州：杭州大学出版社，1994.
[47]　《奉化市水利志》编纂办公室. 奉化市水利志[M]. 北京：现代出版社，1994.
[48]　《象山水利志》编纂领导小组. 象山水利志[M]. 不详，1993.
[49]　镇海区档案局，镇海区文化广电新闻出版局. 镇海楹联[M]. 宁波：宁波出版社，2013.
[50]　浙江省鄞县文化馆. 鄞县群众文化志[M]. [出版地不详]，1990.

（二）期刊论文

[1]　王铭铭. "水利社会"的类型[J]. 读书，2004（11）：18-23.
[2]　行龙. 从"治水社会"到"水利社会"[J]. 读书，2005（8）：55-62.
[3]　王龙飞. 近十年来中国水利社会史研究述评[J]. 华中师范大学研究生学报，2010，17（1）：121-126.
[4]　张俊峰. 明清中国水利社会史研究的理论视野[J]. 史学理论研究，2012（2）：97-107.
[5]　管彦波. 理论与流派：社会史视野下的中国水利社会研究[J]. 创新，2016，10（4）：2，5-12.
[6]　张俊峰. "水利共同体"研究：反思与超越[J]. 中国社会科学报，2011（6）：1-3.
[7]　行龙. "水利社会史"探源——兼论以水为中心的山西社会[J]. 山西大学学报（哲学社会科学版），2008（1）：33-38.
[8]　鲁西奇. "水利社会"的形成——以明清时期江汉平原的围垸为中心[J]. 中国经济史研究，2013（2）：122-139，172，176.
[9]　张俊峰. 介休水案与地方社会——对泉域社会的一项类型学分析[J]. 史林，2005（3）：102-110，124.
[10]　张俊峰. 明清时期介休水案与"泉域社会"分析[J]. 中国社会经济史研

究，2006（1）：9-18.

[11] 钱杭. 共同体理论视野下的湘湖水利集团——兼论"库域型"水利社会[J]. 中国社会科学，2008（2）：167-185，208.

[12] 钱杭. 库域型水利社会研究——萧山湘湖水利集团的兴与衰[J]. 历史研究，2009（6）：173.

[13] 行龙. 明清以来山西水资源匮乏及水案初步研究[J]. 科学技术与辩证法，2000（6）：31-34.

[14] 张俊峰. 前近代华北乡村社会水权的表达与实践——山西"滦池"的历史水权个案研究[J]. 清华大学学报（哲学社会科学版），2008（4）：35-45，159.

[15] 张俊峰. 明清以来晋水流域之水案与乡村社会[J]. 中国社会经济史研究，2003（2）：35-44.

[16] 张俊峰. 明清以来山西水力加工业的兴衰[J]. 中国农史，2005（4）：116-124.

[17] 张俊峰，武丽伟. 明以来山西水利社会中的宗族——以晋水流域北大寺武氏宗族为中心[J]. 青海民族研究，2015，26（2）：48-54.

[18] 行龙. 晋水流域36村水利祭祀系统个案研究[J]. 史林，2005（4）：1-10，123.

[19] 张俊峰. 传说、仪式与秩序：山西泉域社会"水母娘娘"信仰解读[J]. 传统中国研究集刊，2008，5（0）：386-399.

[20] 陆琦，潘莹. 珠江三角洲水乡聚落形态[J]. 南方建筑，2009（6）：61-67.

[21] 陈亚利，陆琦. 珠江三角洲传统水乡聚落营居秩序[J]. 南方建筑，2018（5）：70-74.

[22] 张智敏. 水患压力下的传统岭南水乡聚落形态解析——以珠江三角洲桑园围四村为例[J]. 建筑学报，2017（1）：102-107.

[23] 郭巍，侯晓蕾. 筑塘、围垦和定居——萧绍圩区圩田景观分析[J]. 中国园林，2016，32（7）：41-48.

[24] 郭巍，侯晓蕾. 宁绍平原圩田景观解析[J]. 风景园林，2018，25（9）：21-26.

[25] 侯晓蕾，郭巍. 圩田景观研究 形态、功能及影响探讨[J]. 风景园林，2015（6）：123-128.

[26] 鲁西奇. 汉宋间长江中游地区的乡村聚落形态及其演变[J]. 历史地理，2008（0）：128-151.

[27] 鲁西奇，韩轲轲. 散村的形成及其演变——以江汉平原腹地的乡村聚落形

态及其演变为中心 [J]. 中国历史地理论丛, 2011, 26（4）: 77-91, 104.

[28] 王录仓, 高静. 基于灌区尺度的聚落与水土资源空间耦合关系研究——以张掖绿洲为例 [J]. 自然资源学报, 2014, 29（11）: 1888-1901.

[29] 岳邦瑞, 王庆庆, 侯全华. 人地关系视角下的吐鲁番麻扎村绿洲聚落形态研究 [J]. 经济地理, 2011, 31（8）: 1345-1350.

[30] 张文华. 运河漕运与苏北城市群的形成 [J]. 中国名城, 2019（1）: 90-96.

[31] 郑民德. 明清华北运河城市变迁研究——以馆陶县为例 [J]. 城市史研究, 2017（2）: 34-46, 324.

[32] 龙元. 汉正街——一个非正规性城市 [J]. 时代建筑, 2006（3）: 136-141.

[33] 张延, 周海军. 大运河宁波段聚落文化遗产保护措施研究 [J]. 中国文物科学研究, 2014（3）: 30-32.

[34] 赵霞. 基于历史性城市景观的浙北运河聚落整体性保护方法——以嘉兴名城保护规划为例 [J]. 城市发展研究, 2014, 21（8）: 37-43.

[35] 陈京京, 刘晓明. 论运河与阿姆斯特丹古城的演变与保护 [J]. 现代城市研究, 2015（5）: 93-98.

[36] 奚雪松, 陈琳. 美国伊利运河国家遗产廊道的保护与可持续利用方法及其启示 [J]. 国际城市规划, 2013, 28（4）: 100-107.

[37] 吴庆洲. 中国古城防洪的历史经验与借鉴 [J]. 城市规划, 2002（4）: 84-92.

[38] 吴庆洲. 保护古城水系, 借鉴防涝经验 [J]. 城市规划学刊, 2018（1）: 4-5.

[39] 吴庆洲. 论北京暴雨洪灾与城市防涝 [J]. 中国名城, 2012（10）: 4-13.

[40] 吴庆洲. 中国古城防洪的成功范例——成都 [J]. 南方建筑, 2008（6）: 9-13.

[41] 吴运江, 吴庆洲, 李炎, 等. 古老的市政设施——赣州"福寿沟"的防洪预涝作用 [J]. 中国防汛抗旱, 2017, 27（3）: 37-39, 56.

[42] 吴庆洲. "水都"的变迁——梧州城史及其适洪方式 [J]. 建筑遗产, 2017（3）: 44-55.

[43] 王越, 林箐. 传统城市水适应性空间格局研究——以济南为例 [J]. 风景园林, 2018, 25（9）: 40-44.

[44] 俞绳方. 宋《平江图》与古代苏州城市的规划与布局 [J]. 中国文化遗产, 2016（1）: 84-93.

[45] 谭刚毅. "江"之于江城——近代武汉城市形态演变的一条线索 [J]. 城市规划学刊, 2009 (4): 93-99.

[46] 杨会会, 闫水玉, 任天漫. 丽江古城适应水文环境的生态智慧研究 [J]. 风景园林, 2014 (6): 54-58.

[47] 张俊飞. 以东钱湖为中心的水利社会考略 [J]. 农业考古, 2013 (3): 124-129.

[48] 乐承耀. 明清宁波集市的变迁及其原因 [J]. 浙江学刊, 1996 (2): 61-67.

[49] 乐承耀. 清代宁波商品市场研究 [J]. 中共宁波市委党校学报, 2005 (1): 86-92.

[50] 刘琪琪, 王欣. 宁波月湖古代城市公共园林流变研究 [J]. 风景园林, 2018, 25 (1): 90-94.

[51] 徐敏. 水利因素影响下的城市形态变迁研究——以慈城为例 [J]. 城市规划, 2011, 35 (8): 37-43.

[52] 李红艳. 地域主义下的历史古镇文化传承解析——以宁波市宁海县前童古镇为例 [J]. 建筑学报, 2013 (S1): 18-23.

[53] 何依, 程晓梅. 宁波地区传统市镇空间的双重性及保护研究——以东钱湖韩岭村为例 [J]. 城市规划, 2018, 42 (7): 93-101.

[54] 许广通, 何依, 殷楠, 等. 发生学视角下运河古村的空间解析及保护策略——以浙东运河段半浦古村为例 [J]. 现代城市研究, 2018 (7): 77-85.

[55] 吕兴邦. 江汉平原的堤垸水利与基层社会 (1942—1949) ——以湖北省松滋县三合垸为中心 [J]. 古今农业, 2011 (1): 105-117.

[56] 刘志伟. 地域空间中的国家秩序——珠江三角洲"沙田—民田"格局的形成 [J]. 清史研究, 1999 (2): 14-24.

[57] 叶显恩, 周兆晴. 沙田开发与宗族势力 [J]. 珠江经济, 2008 (1): 89-96.

[58] 邱志荣. 论海侵对浙东江河文明发展的影响 [J]. 浙江水利水电学院学报, 2016, 28 (1): 1-6.

[59] 陈桥驿, 吕以春, 乐祖谋. 论历史时期宁绍平原的湖泊演变 [J]. 地理研究, 1984 (3): 29-43.

[60] 黄文杰. 从滨海湿地到水韵江南——溯源宁波七千年水利治理模式 [J]. 宁波通讯, 2016 (4): 50-55.

[61] 钱杭. "均包湖米": 湘湖水利共同体的制度基础 [J]. 浙江社会科学, 2004 (6): 161-167.

[62] 陈桥驿. 越族的发展与流散 [J]. 东南文化, 1989 (6)：89-96, 130.

[63] 何依, 邓巍. 历史街区建筑肌理的原型与类型研究 [J]. 城市规划, 2014, 38 (8)：57-62.

[64] 何依, 邓巍, 周浪浪. 功能结束之日, 记忆开始之时——宁波老外滩整治规划 [J]. 城市建筑, 2011 (2)：54-56.

[65] 侯亚伟. 集体记忆与民间信仰 [J]. 理论与现代化, 2012 (4)：54-59.

[66] 闵长虹, 沈薇. "人格神"与"神格人"的价值取向差异 [J]. 盐城师范学院学报 (人文社会科学版), 2010, 30 (1)：52-55.

[67] 蔡罕. 王安石治鄞及其四明情怀——从《鄞县经游记》谈起 [J]. 浙江学刊, 2011 (4)：58-62.

[68] 赵淑清. 从龙神到贤人：明清时期地方水神信仰对象的演变——基于碑刻资料中崞县五峰山圣母信仰的考究 [J]. 山西档案, 2015 (6)：124-128.

[69] 李广志. 它山庙会及其民间信仰 [J]. 商丘职业技术学院学报, 2011, 10 (3)：72-73.

[70] 章敏秀. 宁海前童元宵行会 [J]. 浙江档案, 2016, (2)：36-37.

[71] 王胜三. 关于地名文化的几点思考 [J]. 中国地名, 2018 (6)：4-5.

[72] 王苹, 于红艳. 宁波地名的文化意义阐释 [J]. 宁波大学学报 (人文科学版), 2009, 22 (5)：42-47.

[73] 徐雪英. 宁波地名文化探析 [J]. 浙江万里学院学报, 2013, 26 (1)：51-55, 59.

[74] 周志锋. 请为"隘"字补一个宁波地名特殊读音 [J]. 宁波大学学报 (人文科学版), 2014, 27 (6)：21, 26-28.

[75] 谭徐明. 水文化遗产的定义、特点、类型与价值阐释 [J]. 中国水利, 2012 (21)：1-4.

[76] 汪霞, 李跃文. 我国古代城市理水特质的分析 [J]. 华中建筑, 2009, 27 (3)：220-223.

[77] 郑衡泌. 民间祠神视角下的地方认同形成和结构——以宁波广德湖区为例 [J]. 地理研究, 2012, 31 (12)：2209-2219.

[78] 何依, 孔惟洁. 宁波老外滩北段肌理识别与修复——基于历史文脉和类型学方法 [J]. 新建筑, 2017 (3)：145-149.

[79] 张兵. 城乡历史文化聚落——文化遗产区域整体保护的新类型 [J]. 城市规划学刊, 2015 (6)：5-11.

[80] 张兵. 历史城镇整体保护中的"关联性"与"系统方法"——对"历史性城市景观"概念的观察和思考 [J]. 城市规划, 2014, 38 (S2)：42-48, 113.

（三）学位论文

[1] 张智敏. 珠江三角洲水乡聚落桑园围研究 [D]. 广州：华南理工大学，2016.

[2] 刘兴渝. 圩村形态、类型与人水关系初探 [D]. 南京：南京大学，2014.

[3] 汪民. 江汉平原水网地区农村聚落空间演变机理及其调控策略研究 [D]. 武汉：华中科技大学，2016.

[4] 方盈. 堤垸格局与河湖环境中的聚落与民居形态研究 [D]. 武汉：华中科技大学，2016.

[5] 牛会聪. 多元文化生态廊道影响下京杭大运河天津段聚落形态研究 [D]. 天津：天津大学，2012.

[6] 赵鹏飞. 山东运河传统建筑综合研究 [D]. 天津：天津大学，2013.

[7] 霍艳虹. 基于"文化基因"视角的京杭大运河水文化遗产保护研究 [D]. 天津：天津大学，2017.

[8] 杨颋. 古济南城水系与空间形态关系研究 [D]. 广州：华南理工大学，2017.

[9] 刘卫. 广州古城水系与城市发展关系研究 [D]. 广州：华南理工大学，2015.

[10] 吴左宾. 明清西安城市水系与人居环境营建研究 [D]. 广州：华南理工大学，2013.

[11] 陆敏珍. 唐宋时期明州区域社会经济研究 [D]. 杭州：浙江大学，2004.

[12] 毛松华. 城市文明演变下的宋代公共园林研究 [D]. 重庆：重庆大学，2015.

[13] 宗发旺. 水利与地域社会 [D]. 宁波：宁波大学，2011.

[14] 夏晓晨. 非物质文化遗产保护背景下鄞江它山庙会的复兴与传承 [D]. 金华：浙江师范大学，2013.

[15] 张楠. 作为社会结构表征的中国传统聚落形态研究 [D]. 天津：天津大学，2010.

[16] 曾忠忠. 基于气候适应性的中国古代城市形态研究 [D]. 武汉：华中科技大学，2011.

[17] 邬莎. 宁波古代城市规划史研究 [D]. 南京：东南大学，2017.

[18] 孙贝. 中国传统聚落水环境的生态营造研究 [D]. 北京：中央美术学院，2016.

[19] 李红武. 晋水记忆——一个泉域社会民众记忆中的真实与想象 [D]. 北京：中国人民大学，2008.

[20] 邓俊. 水利遗产研究 [D]. 北京：中国水利水电科学研究院，2017.

（四）其他

[1] 方曌. 空间与历史 [R]. 北京：北京师范大学出版社，2014.

[2] 邱志荣. 良渚堤坝的主要功能是围垦保护 [N]. 中国水利报，2016-03-31（7）.

[3] 石志藏. 源远流长的宁波之"碶" [N]. 宁波晚报，2014-10-05.

[4] 朱道初. 镇海的千年后海塘和古县城 [N]. 宁波晚报，2009-12-06.

[5] 陈醉，于玲玲. 它山堰：不老的水利设施 [N]. 浙江日报，2010-07-02.

[6] 方向明. 它山堰与王元炜 [N]. 宁波日报，2013-08-10.

[7] 陈鸿. 吴潜：创造多个"宁波第一"的南宋地方官 [N]. 宁波晚报，2012-03-11.

（五）外文文献

[1] BIANCA S. Morphology as the Study of City Form and Layering [M]. Hoboken：Wiley Blackwell，2014.

[2] AMOS R. Human Aspects of Urban Form：Towards a Man-Environment Approach to Urban Form and Design[M]. New York：Pergamon Press，1977.

[3] SKINNER W. The City in Late Imperial China [M]. Stanford University Press，1977.

[4] BOSSELMAN P. Urban Transformation：Understanding City Form and Design [M]. Washington D. C：Island Press，2008.

[5] BOGER R，PERDIKARIS S，POTTER A，et al. Water Resources and the Historic Wells of Barbuda：Tradition，Heritage and Hope for a Sustainable Future[J]. Island Studies Journal，2014，9(2).

[6] ZHU C，NIE Y. Study on the Effects of Grand Canal on City Pattern Change of Hangzhou Based on Remote Sensing[C]//Urban Remote Sensing Event IEEE，2009.

[7] RUGANI B，PULSELLI R M，NICCOLUCCI V，et al. Environmental Performance of a XIV Century Water Management System：An Emergy Evaluation of Cultural Heritage[J]. Resources，Conservation and Recycling，2011，56(1)：117-125.

[8] CAO S，LIU X，ER H. Dujiangyan Irrigation System-A World Cultural

Heritage Corresponding to Concepts of Modern Hydraulic Science[J]. Journal of Hydro-Environment Research,2010,4(1):3-13.

[9] LI S T,FAN C,JIE W. The Study on the Distribution of Volume in Traditional Village Buildings by the Middle Reaches of Nanxijiang River in Southeast China Rural Area[J]. Lowland Technology International,2007,9(2):56-63.

[10] ZENG Z,LI L,PANG Y. Analysis on Climate Adaptability of Traditional Villages in Lingnan,China-World Cultural Heritage Site of Majian-glong Villages as Eexample[J]. Procedia Engineering,2017,205:2011-2018.

[11] AN B,PARK E. Water Treatment Measures to Improve Ecological Value in Traditional Korean Villages:The Case of Oeam Village,Asan City,Korea[J]. Sustainability,2017,9(7):1145-1159.

[12] CHIENCHOU T,TSUYOSHI S,NORIKO A. Study on the Maintenance of the Village Environment in Chinmen Islands and Pescadores of Taiwan-a: Investigation of the Reuse of Old Materials Removed from A Traditional Private Houses[J]. AIJ Journal of Technology and Design,2008,14(27): 31-36.

[13] GOU S,LI Z,ZHAO,et al. Climate Responsive Strategies of Traditional Dwellings Located in An Ancient Village in Hot Summer and Cold Winter Region of China[J]. Building and Environment,2015,86:151-165.

[14] VANDENBOHEDE A,VANDEVYVERE E. Potable Water for A City:A History Perspective from Bruges, Belgium [J]. Hydrogeology Journal, 2014, 22 (7): 1169-1180.

[15] JAPES M D,WHITE I,ROGERS B,et al. Redevelopment of the Urban Canal Scene[J]. Bulletin of the Permanent International Association of Navigation Congresses,1989,65:57-65.

[16] WHITEHAND J W R,GU K. Research on Chinese Urban Form:Retrospect and Prospect[J]. Progress in Human Geography,2006,30(3):337-355.

[17] SAUER C. The Morphology of Landscape [J]. University of California Publications in Geography,1952,2(2):19-54.